tomaten

SCHÄTZE AUS DEM GARTEN

CORNELIA SCHINHARL

tomaten

SCHÄTZE AUS DEM GARTEN

CORNELIA SCHINHARL

FOTOS VON ALEXANDER WALTER

KOSMOS

TOMATEN

Vorwort 7

Für den Vorrat 9

Köstliche Vorräte mit Tomaten, die Sie garantiert
gut über den Winter bringen. Von kräftigem Sugo
über zweierlei Ketchup bis zu Konfitüre mit aromatischen Lavendelblüten.

Tomaten vom Markt oder aus dem Gemüseladen **10**
Tomaten aus Tube, Glas und Co. **26**

Schnell und gut **33**

Tomatenrezepte für jeden Tag, die schnell und
unkompliziert zu machen sind. Von Couscous-
Salat über Tomaten-Brot-Suppe bis zu köstlichen
Nudelsaucen.

Tomaten für Balkon und Garten **40**
Tomatenpflanzen pflegen **65**

UND HIER SEHEN SIE ES GANZ GENAU.

DAS IST *wirklich* WICHTIG

DARAUF KOMMT'S AN! Hier erläutern wir alles, was zum Gelingen des Rezepts wirklich wichtig ist. Wo es sinnvoll ist, mit Bild, sonst auch ohne.

Fein und festlich **85**
Feinschmeckergerichte für besondere Gelegenheiten. Von Tomaten-Flan über Oktopus-Carpaccio mit Tomaten-Tatar bis zu Lammkotelett auf Ingwertomaten.

Besondere Tomatensorten **107**

Rezeptregister **138**
Themenregister **140**
Akteure & Impressum **144**

TOMATEN
die roten Sommerfrischler

DIE ITALIENER NENNEN DIE TOMATE GOLDAPFEL – POMODORO. UND IN ÖSTERREICH IST DER PARADEISER SOGAR IN HIMMLISCHEN SPHÄREN ANGESIEDELT.

Ihre Heimat liegt in den nördlichen Anden – Bolivien, Ecuador und Peru –, wo sie als *xitomatl* schon sehr früh zu Ehren kam. In Europa schaffte die Frucht eines Nachtschattengewächses in Italien den Durchbruch und machte schließlich den Sprung von der Zierpflanze in den Gärten zum geschätzten Gemüse. Im 17. Jahrhundert soll dort die erste Tomatensauce auf dem Herd gestanden haben. Und doch dauerte es auch in Italien – dessen Küche heute ohne Tomaten gar nicht mehr auskäme – noch ein Weilchen, bis sich ihre Verwendung im großen Stil durchsetzte. Erst Anfang des 19. Jahrhunderts war es so weit, und bei uns kam sie erst nach dem Ersten Weltkrieg häufiger als Salat oder Suppe auf den Tisch.

Seither hat sie ihren Siegeszug aber noch lange nicht beendet. Immer mehr Sorten kommen auf den Markt – außer roten auch gelbe, grüne und sogar schwarze Sorten.

WAS IN IHR STECKT

Die Tomate hat nicht nur kulinarisch einiges zu bieten, sie ist auch sehr gesund. Eine ganze Menge Vitamine und Mineralstoffe verbergen sich in der saftigen Frucht: Vitamin C, Beta-Carotin, Folsäure, Biotin und Kalium sind nur die wichtigsten.

Vor allem der rote Farbstoff der feinen Früchte macht bei Ernährungswissenschaftlern von sich reden. Das Lycopin – ein sogenannter sekundärer Pflanzenstoff – soll vor Arteriosklerose, Herzinfarkt, Schlaganfall und Trombose schützen. Besonders gut kann unser Körper diesen Wirkstoff aufnehmen, wenn die Tomaten (schonend) gegart wurden. Außerdem bilden Tomaten aus dem Freiland deutlich mehr Lycopin aus als solche aus dem Treibhaus.

Im Gegensatz zum Lycopin vertragen Vitamin C und Beta-Carotin Hitze nicht so gut. Wechseln Sie also am besten ab und essen Sie Tomaten sowohl roh als auch gegart. Und: Viele Inhaltsstoffe sitzen in der Haut bzw. direkt darunter. Essen Sie die saftigen Früchte also möglichst oft mit Haut!

EINE RUNDE SACHE

Ganz klar: In diesem Buch geht es in erster Linie um den Genuss. Nebenbei erfahren Sie aber auch, welche Sorte man wofür am besten verwendet, wie man Tomaten häutet und entkernt, wie man sie am besten schneidet und wie man Saft aus ihnen gewinnt. Für alle, die einen eigenen Garten haben, bieten wir eine Menge Ideen, um die Tomatenschwemme im Sommer genussvoll zu konservieren. Und wer Neuling im Anbau ist, erfährt auch gleich noch, wo die hübschen Pflänzchen erhältlich sind und wie er sie am besten versorgt.

Doch das Wichtigste ist: Lassen Sie sie sich einfach so richtig gut schmecken!

FÜR DEN VORRAT

köstlich konserviert

ALLE TOMATEN SIND AUF EINMAL REIF ODER DER HÄNDLER HAT GERADE EINE BESONDERS GUTE SORTE IM ANGEBOT? HIER FINDEN SIE REZEPTE FÜR KÖSTLICHE VORRÄTE – VON SUGO ÜBER KETCHUP BIS ZU KONFITÜRE!

TOMATEN VOM MARKT
oder aus dem Gemüseladen

VERLOCKEND ROT, GROSS, KLEIN, EINZELN ODER AM STRAUCH – DAS ANGEBOT AUF DEN MÄRKTEN UND IN GUTEN GESCHÄFTEN WIRD STÄNDIG GRÖSSER. WIR KÖNNEN ZWISCHEN IMMER MEHR VERSCHIEDENEN TOMATEN WÄHLEN!

Leider gibt es aber auch sie noch immer – die blassen Tomaten, deren Fleisch eher wie gefärbtes Wasser schmeckt. Und leider sieht man selbst leuchtend roten Früchten nicht an, wie sie schmecken. Da hilft nur eins: Probieren, bis man die passende Sorte gefunden hat.

WELCHE SORTE WOFÜR?

Ob Sie ganz normale runde Tomaten, die länglichen Eiertomaten, die großen Fleischtomaten oder die kleinen Kirschtomaten kaufen, hängt vor allem davon ab, was Sie damit machen wollen.

Normale **runde Tomaten** heißen auch **Kugeltomaten** und sind für alles zu haben. Sie wiegen zwischen 50 und 150 g und schmecken sowohl roh als auch gegart. Die sogenannten Strauchtomaten sind ganz normale Tomaten, die an der Rispe verkauft werden. Ihr Vorteil liegt darin, dass sie reifer geerntet werden, weil sie mit dem Stiel länger lagerfähig bleiben.
Der Nachteil: Wir zahlen das Grün mit!

Eiertomaten heißen auch **Flaschentomaten**, in der Schweiz sind sie unter dem Namen Peretti-Tomate im Handel. Sie sind der Klassiker für geschälte Tomaten aus der Dose – Pelati genannt. Sie wiegen zwischen 100 und 200 g und haben im Vergleich zu runden Tomaten mehr Fruchtfleisch und etwas weniger Kerne. Sie sollten immer gut reif, also kräftig rot sein. Sie schmecken roh und gegart gut.

Die größten Mitglieder der Tomatenfamilien sind **Fleischtomaten**, sie wiegen meist um die 200 g aufwärts. Sie haben weniger Säure als die anderen Sorten und in der Regel weniger Kerne. Da sie sich sehr gut in Scheiben schneiden lassen, sind sie ideal für Carpaccio und Salate. Die meisten Fleischtomaten, vor allem die italienischen Sorten, schmecken im Salat am besten, wenn sie nicht vollreif sind, sondern noch ein paar grünliche Stellen haben und eine hellrote Färbung. Ganz reife Fleischtomaten sind oft zu weich und haben kaum mehr Säure, sodass sie ein bisschen langweilig schmecken können.

Kirschtomaten heißen auch **Cocktailtomaten**, wiegen unter 50 g und sind sehr süß. Da sie aber trotzdem über ausreichend Säure verfügen, sind sie besonders aromatisch. Sie sind ideal zum Rohessen, schmecken aber auch (am besten kurz) gegart.

TOMATEN KAUFEN

Einen starken Duft verströmt die Tomate nicht. Lassen Sie sich also nicht täuschen, wenn Sie beim Einkauf den typischen Tomatenduft erschnuppern. Der kommt von den Blättern und Stielen, aber nicht von der Frucht selbst. Das Aroma können Sie also erst zu Hause feststellen – es sei denn, Ihr Gemüsehändler lässt Sie probieren. Aussehen sollten Tomaten in jedem Fall prall und glänzend, die Schale sollte nicht geplatzt oder runzelig sein. Eine unregelmäßige Form ist jedoch kein schlechtes Zeichen.

In jedem Fall bekommen Tomaten das beste Aroma, wenn sie in der Sonne unter freiem Himmel gedeihen. Ganz klar also, dass blasse Treibhaustomaten, die im Winter in den Regalen liegen, es geschmacklich nicht mit den Tomaten aufnehmen können, die im Sommer zur Hauptsaison geerntet werden.

TOMATEN LAGERN

Von der Sonne verwöhnt sollten sie am Strauch reifen. Und auch hinterher mögen es Tomaten warm. Lagern Sie die Früchte also keinesfalls im Kühlschrank, sondern nebeneinander auf einem Teller oder in einer Schale in der Küche. Auf diese Art reifen Tomaten sogar nach. Damit das wiederum nicht zu schnell vonstatten geht, legen Sie sie nicht zusammen mit Äpfeln in die Schale. Die verströmen nämlich Äthylen, ein sogenanntes Reifungsgas.

TOMATENKETCHUP
mit Thymian

WAS IN DEN USA IN FAST JEDEM HAUSHALT TÄGLICH AUF DEM TISCH STEHT,
IST AUCH BEI UNS LÄNGST EIN KLASSIKER – HAUSGEMACHT NOCH MAL SO GUT!

Zutaten für 2 Flaschen

1 kg sehr reife Tomaten

4 Knoblauchzehen

1 große rote Zwiebel

½ Bund Thymian

1 Zweig Rosmarin

4 Salbeiblättchen

2 EL Olivenöl

1 Lorbeerblatt

200 ml Apfelessig

75 g brauner Zucker

je 1 TL Pfefferkörner, Piment-
körner, Koriandersamen und
Senfsamen

1 Stück Zimtstange

1 Gewürznelke, Salz

besonderes Werkzeug
• 2 Flaschen (à ca. 350 ml)
• Trichter

Zeitbedarf
• 30 Minuten +
  40 Minuten kochen

Haltbarkeit
• 6 Monate

So geht's

1. Die Tomaten waschen und würfeln, Stielansätze herausschneiden
   [→ a]. Den Knoblauch und die Zwiebel schälen und würfeln. Die
   Kräuter waschen und trocken schütteln, von den Stängeln zupfen.

2. Das Öl in einem Topf erhitzen. Knoblauch und Zwiebel darin mit
   den Kräutern und dem Lorbeerblatt andünsten. Die Tomaten
   dazugeben, dann den Essig, den Zucker und alle Gewürze dazugeben. Die Mischung leicht salzen und offen bei schwacher bis
   mittlerer Hitze etwa 40 Minuten kochen lassen, bis sie schön
   musig ist. Ab und zu umrühren.

3. Das Tomatenmus durch ein Sieb streichen [→ b] oder durch die
   Flotte Lotte passieren. Das Püree wieder in den Topf geben, mit
   Salz abschmecken und noch einmal aufkochen. Durch einen
   Trichter in sauber ausgespülte Flaschen füllen und diese gleich
   verschließen [→ c].

[a]

[b]

[c]

DAS IST *wirklich* WICHTIG

[a] STIELANSÄTZE ENTFERNEN
Die Tomaten werden mit Haut gegart, aber der Stielansatz wird immer herausgeschnitten, er enthält Solanin. Entweder den Stielansatz mit der Spitze eines Messers wie einen Keil herausschneiden oder aus den halbierten Tomaten entfernen.

[b] DURCHS SIEB STREICHEN Das Tomatenmus mit allen Zutaten in ein Sieb schütten und mit dem Rücken eines Kochlöffels durch die Löcher streichen. Im Sieb bleiben Gewürze und Tomatenschalen zurück. Diese wegwerfen.

[c] HEISS EINFÜLLEN Damit der Ketchup lange haltbar ist, muss er kochend heiß eingefüllt und sofort verschlossen werden. Nach dem Passieren also noch einmal aufkochen und gleich in die Flaschen füllen.

13

TOMATEN-MANGO-KETCHUP
mit Ingwer und Zitronengras

EINE FRUCHTIGE UND LEICHT SCHARFE VARIANTE, DIE BESONDERS
GUT ZU GEFLÜGEL UND ASIATISCHEN GERICHTEN PASST.

Zutaten für 2 Flaschen

1 Mango

700 g sehr reife Tomaten

4 Knoblauchzehen

1 Stück Ingwer (etwa 3 cm)

2 rote Chilischoten

1 Stange Zitronengras

4 Kaffirlimettenblätter

2 EL Öl

200 ml Apfelessig

70 g brauner Zucker

1 TL Koriandersamen

1 Stück Zimtstange

1 Sternanis

Salz

besonderes Werkzeug
• 2 Flaschen (à ca. 300 ml)
• Trichter

Zeitbedarf
• 1 Stunde

Haltbarkeit
• mindestens 6 Monate

So geht's

1. Die Mango schälen und das Fruchtfleisch vom Stein schneiden. Die Tomaten waschen und würfeln, Stielansätze herausschneiden. Den Knoblauch und den Ingwer schälen und würfeln. Die Chilischoten waschen und den Stiel abschneiden. Chili grob schneiden. Das Zitronengras putzen, waschen und halbieren. Mit dem Fleischklopfer oder einem schweren Messer leicht klopfen. Die Limettenblätter waschen.

2. Das Öl in einem Topf erhitzen. Knoblauch und Ingwer darin mit der Chili und dem Zitronengras andünsten. Mango und Tomaten mit den Limettenblättern dazugeben, dann den Essig, den Zucker und alle Gewürze dazugeben. Die Mischung leicht salzen und offen bei schwacher Hitze etwa 40 Minuten kochen lassen, bis sie schön musig ist. Ab und zu umrühren.

3. Das Tomatenmus durch ein Sieb streichen. Das Püree wieder in den Topf geben, mit Salz abschmecken und noch einmal aufkochen. Durch einen Trichter in sauber ausgespülte Flaschen füllen und diese gleich verschließen.

TOMATEN-SALSA
mit Koriander, Chili und Limette

PIKANT UND LIMETTENFRISCH IST SIE IDEAL ZUM DIPPEN VON TORTILLA-CHIPS UND VIELEM MEHR.

Zutaten für 4 Gläser

1 kg Tomaten

5 Knoblauchzehen

1 große rote Zwiebel

5 rote Chilischoten

1 Bund Koriander

2 Bio-Limetten

2 Kaffirlimettenblätter

1 EL Öl

4 EL Palmzucker (ersatzweise brauner Zucker)

Salz

besonderes Werkzeug
• 4 Gläser (à ca. 150 ml)
• Mixer oder Pürierstab

Zeitbedarf
• 30 Minuten +
  1 Stunde kochen

Haltbarkeit
• mindestens 3 Monate

So geht's

1. Die Tomaten häuten (siehe Seite 51) und würfeln, den Stielansatz dabei herausschneiden. Den Knoblauch und die Zwiebel schälen und grob hacken. Die Chilischoten waschen und vom Stiel befreien. Ebenfalls grob hacken und mit Knoblauch und Zwiebel im Mixer oder mit dem Pürierstab pürieren.

2. Den Koriander waschen und trocken schütteln, etwa 1 EL Blättchen beiseitelegen, den Rest hacken. Die Limetten waschen und abtrocknen, die Schale abreiben und zugedeckt beiseitestellen. Saft auspressen. Die Limettenblätter waschen und in feine Streifen schneiden.

3. Das Öl erwärmen. Die Chilipaste darin unter Rühren etwa 1 Minute anbraten. Tomaten dazugeben, den Koriander, die Limettenblätter und den Zucker dazugeben und alles bei schwacher bis mittlerer Hitze etwa 1 Stunde kochen lassen.

4. Dann die Korianderblättchen hacken. Mit Limettenschale und -saft unter die Sauce rühren, mit Salz abschmecken und in Gläser mit Schraubverschluss füllen. Die Gläser gleich verschließen.

Die Variante

Süßsaure Tomaten-Chili-Sauce
250 g rote Chilischoten waschen und entstielen. Mit 10 geschälten Knoblauchzehen im Mixer zerkleinern. In einen Topf füllen. 500 g gehäutete gewürfelte Tomaten, ¼ l hellen Reisessig, ¼ l Wasser, 300 g braunen Zucker und 2 TL Salz dazugeben, zum Kochen bringen und offen bei schwacher bis mittlerer Hitze etwa 45 Minuten köcheln lassen. Abschmecken, in sauber ausgespülte Flaschen oder Gläser füllen und gleich verschließen.

DER SUGO SOLL EINE SÄMIGE BINDUNG HABEN.

[a]

DAS IST
wirklich WICHTIG

[a] DIE RICHTIGE KONSISTENZ

Je nachdem wie breit der Topf ist, geht das Kochen schneller oder langsamer. Der Sugo ist fertig, wenn er eine sämige Bindung hat, aber nicht zu stark eingekocht ist.

[b] STERILISIEREN

Dafür einen großen hohen Topf mit einem Küchentuch auslegen – so können die Gläser nicht zerbrechen. Gefüllte und verschlossene Gläser oder Flaschen hineinstellen. So viel Wasser angießen, dass die Gläser bedeckt sind. Wasser zum Kochen bringen und den Sugo darin leise sprudelnd 20 Minuten sterilisieren.

[b]

TOMATENSUGO
mit Knoblauch und Thymian

EINE AROMATISCHE GRUNDSAUCE, DIE PUR ZU PASTA & CO. SCHMECKT, SICH ABER AUCH VIELSEITIG WEITERVEREDELN LÄSST – MIT KRÄUTERN, CHILI ODER GEMÜSE.

Zutaten für 4 Gläser

2 kg sehr reife Tomaten

8 Knoblauchzehen

1 großes Bund Thymian

4 EL Olivenöl

Salz, Pfeffer aus der Mühle

besonderes Werkzeug
• 4 Gläser (à ca. 425 ml)

Zeitbedarf
• 40 Minuten +
  30 Minuten kochen +
  20 Minuten sterilisieren

Haltbarkeit
• mindestens 6 Monate

So geht's

1. Aus den Tomaten den Stielansatz herausschneiden. Die Tomaten mit kochendem Wasser überbrühen, kurz ziehen lassen, kalt abschrecken und häuten. Die Tomaten würfeln.

2. Den Knoblauch schälen und fein hacken. Den Thymian waschen und trocken schütteln. Die Blättchen von den Stielen streifen.

3. Das Öl in einem Topf nicht zu stark erhitzen. Knoblauch und Thymian darin andünsten, aber nicht braun werden lassen. Die Tomaten dazugeben und erhitzen. Leicht salzen und offen bei mittlerer Hitze etwa 30 Minuten köcheln lassen, bis der Sugo leicht dicklich wird [→ a]. Mit Salz und Pfeffer abschmecken.

4. Den Sugo in sauber ausgespülte Gläser oder Flaschen füllen und diese verschließen. In einen mit einem Tuch ausgelegten Topf stellen, mit Wasser bedecken und etwa 20 Minuten sterilisieren [→ b]. Herausheben und abkühlen lassen. Im kühlen Keller aufheben.

Die Variante

Geschälte Tomaten
Wer richtig viele Tomaten hat, kann ein paar einfach nur häuten und sterilisieren. Die Tomaten – besonders gut geeignet sind Eiertomaten – häuten und mit Basilikumblättern oder Thymianzweigen in gut gesäuberte Gläser füllen und diese verschließen. Wie beschrieben in den Topf setzen, mit Wasser auffüllen und etwa 30 Minuten sterilisieren.

STERILISIEREN Saucen und Pasten, die weder ausreichend Zucker noch Säure enthalten, müssen nach dem Einfüllen zusätzlich sterilisiert werden, um haltbar zu bleiben. Sie werden dazu in den verschlossenen Gläsern in Wasser eine Zeit lang gekocht. Ist die Mischung in den Gläsern heiß, kommt heißes Wasser in den Topf. Ist sie kalt, mit kaltem Wasser aufsetzen.

[c]

DAS IST
wirklich WICHTIG

[a] STACHELBEEREN VORBEREITEN
Die Beeren in einem Sieb kalt ab-
brausen. Dann abtropfen lassen und
nur den Blütenansatz am oberen
Ende abknipsen und eventuell den
Stielrest entfernen.

[b] PFEFFER ABSTREIFEN Spülen
Sie den Pfeffer an den Rispen unter
fließendem kaltem Wasser kurz ab.
Dann mit Küchenpapier trocken
tupfen und die Pfefferkörner mit den
Fingern von den Rispen abstreifen.

[c] EINFÜLLEN Damit beim Einfüllen nicht zu viel danebengeht,
füllen Sie das fertige Chutney am
besten mit einem speziellen Einfülltrichter in die Gläser. Falls Sie
einen normalen Trichter mit einer
großen Öffnung haben, durch die
auch die dicken Stücke passen,
geht's natürlich auch mit diesem.

[b]

TOMATEN-CHUTNEY
mit Stachelbeeren

DIE SÜSS-SAURE SAUCE PASST BESONDERS GUT ZU GEGRILLTEM UND GEBRATENEM FISCH, ZU INDISCHEN GERICHTEN, ABER AUCH ZU WÜRZIGEM KÄSE.

Zutaten für 4 Gläser

750 g Tomaten

250 g Stachelbeeren

3 – 4 Rispen grüne Pfefferkörner (je nach Größe)

50 g getrocknete Aprikosen

2 Knoblauchzehen

1 Stück Ingwer (etwa 1 cm)

1 rote Zwiebel

1 EL Öl

1 TL Anissamen

150 g brauner Zucker

⅛ l Weißwein- oder Apfelessig

Salz

besonderes Werkzeug
• 4 Gläser (à ca. 250 ml)
• Einfülltrichter

Zeitbedarf
• 30 Minuten +
  45 Minuten kochen

Haltbarkeit
• mindestens 6 Monate

So geht's

1. Die Tomaten häuten (siehe Seite 51) und würfeln. Die Stachelbeeren waschen und putzen [→ a]. Den Pfeffer abbrausen und die Körner abstreifen [→ b]. Die getrockneten Aprikosen in kleine Würfel schneiden.

2. Den Knoblauch und den Ingwer schälen und fein hacken. Die Zwiebel schälen und in kleine Würfel schneiden.

3. Das Öl in einem Topf erhitzen. Knoblauch, Ingwer und Zwiebel mit den Anissamen darin unter Rühren andünsten. Tomaten, Stachelbeeren und Pfeffer mit den Aprikosen, dem Zucker und dem Essig dazugeben, salzen und erhitzen. Alles offen bei schwacher bis mittlerer Hitze etwa 45 Minuten köcheln lassen, bis das Chutney schön musig ist. Es soll leicht, aber nicht sprudelnd kochen. Dabei ab und zu durchrühren.

4. Das Chutney mit Salz abschmecken, durch einen Trichter in sauber ausgespülte Gläser mit Schraubverschluss füllen [→ c] und diese gleich verschließen.

SAUBER EINFÜLLEN Wer keinen Einfülltrichter hat, kann einen günstigen Kunststofftrichter kaufen und die schmale Tülle abschneiden.

GETROCKNETE TOMATEN
in Basilikumöl

INZWISCHEN GIBT'S GETROCKNETE TOMATEN SOGAR IN VIELEN SUPERMÄRKTEN. NOCH BESSER: BRINGEN SIE SICH DIE GETROCKNETEN HÄLFTEN AUS ITALIEN MIT!

Zutaten für 4 Gläser

250 g getrocknete Tomaten

¼ l milder Rotweinessig

1 großes Bund Basilikum

2 Zweige Rosmarin

4 Knoblauchzehen

1 EL kleine Kapern oder grüne Pfefferkörner (nach Belieben)

ca. 200 ml gutes Olivenöl

besonderes Werkzeug
• 4 Gläser (à ca. 250 ml)

Zeitbedarf
• 20 Minuten +
2 – 3 Stunden ruhen +
mind. 1 Woche ziehen

Haltbarkeit
• mindestens 3 Monate

So geht's

1. Die Tomaten in eine Schüssel geben. Den Essig mit ½ l Wasser mischen und über die Tomaten gießen. 2 – 3 Stunden quellen lassen, bis die Tomaten geschmeidig werden [→ a].

2. Die Tomaten dann gut abtropfen lassen. Die Kräuter waschen und gut trocken schütteln. Die Blättchen bzw. Nadeln von den Stielen zupfen. Den Knoblauch schälen und in sehr feine Scheiben schneiden.

3. Die Tomaten mit den Kräutern, dem Knoblauch und eventuell den Kapern oder dem Pfeffer in die sauberen Gläser schichten. Jeweils mit so viel Olivenöl aufgießen, dass alle Zutaten in den Gläsern gut davon bedeckt sind [→ b]. Die Gläser verschließen und die Tomaten vor dem Probieren mindestens 1 Woche durchziehen lassen.

[b]

DAS IST *wirklich* WICHTIG

[a] TOMATEN QUELLEN LASSEN
Damit sie die Aromen später gut aufnehmen können, müssen die Tomaten vorher quellen. Eine Mischung aus Wasser und Essig bringt Geschmack und Haltbarkeit. Lassen Sie die Tomaten so lange in der Mischung liegen, bis sie heller werden und sich biegen lassen.

[b] GUT BEDECKEN Die Tomaten mit den Würzzutaten lagenweise in die sauberen Gläser schichten. Zum Schluss so viel Olivenöl dazugießen, dass alle Zutaten davon bedeckt sind. Die Ölschicht konserviert. Und sie muss auch später, wenn Tomaten aus dem Glas gefischt werden, immer wieder aufgefüllt werden.

TOMATENGELEE
mit Chili und Senfsamen

DAS WÜRZIGE GELEE SCHMECKT AUF KNUSPRIG FRISCHEM WEISSBROT, ABER AUCH ALS BEILAGE ZU KÄSE WIE PECORINO ODER ZU GEGRILLTEM FLEISCH.

Zutaten für 6 Gläser

1 ½ kg sehr reife Tomaten

2 Knoblauchzehen

1 Bund Basilikum

2 getrocknete Chilischoten

2 TL Senfsamen

1 Prise Salz

500 g Gelierzucker 1 : 2

besonderes Werkzeug
· Küchenmaschine oder Mixer
· 6 Gläser (à ca. 250 ml)

Zeitbedarf
· 30 Minuten +
  12 Stunden abtropfen

Haltbarkeit
· mindestens 9 Monate

So geht's

1. Die Tomaten waschen und ohne Stielansätze grob schneiden. In der Küchenmaschine oder im Mixer mit 175 ml Wasser pürieren. Den Knoblauch schälen und halbieren. Das Basilikum kalt abbrausen und trocken schütteln, die Blättchen abzupfen und etwa 1 EL Blätter beiseitestellen. Die Chilischoten im Mörser leicht andrücken. Den Rest der Basilikumblätter und die Stiele mit dem Knoblauch, den Chilischoten und den Senfsamen unter die Tomaten mischen.

2. Ein Sieb mit einem Tuch auskleiden und in eine Schüssel hängen. Die Mischung hineinfüllen und etwa 12 Stunden abtropfen lassen [→ a + b].

3. Dann den abgelaufenen Tomatensaft abmessen. Es sollte 1 l sein. Falls es weniger ist, die Gelierzuckermenge entsprechend reduzieren (1 : 2). Den Saft leicht salzen und mit dem Gelierzucker in einem Topf verrühren und zum Kochen bringen. Etwa 4 Minuten kochen lassen.

4. Das beiseitegelegte Basilikum in kleine Stücke zupfen und untermischen. Das Gelee gleich in sauber ausgespülte Gläser mit Schraubverschluss füllen. Die Gläser verschließen.

SO SCHMECKT'S AUCH Wer das Gelee noch pikanter möchte, mischt vor dem Kochen unter den Saft noch etwas fein gehackte frische Chilischote.

DAS IST *wirklich* WICHTIG

[a] **SAFT ABTROPFEN LASSEN** Ein dünnes sauberes Küchentuch kalt abspülen und auswringen. Ein Sieb damit auskleiden und über eine Schüssel hängen. Füllen Sie jetzt die Tomaten mit den Gewürzen ein und lassen Sie den Tomatensaft in die Schüssel abfließen.

[b] **EFFEKTIVER ABTROPFEN** Die Enden des Tuchs oben verknoten und ein paar Zentimeter über dem Sieb aufhängen – zum Beispiel mit einem Haken am Griff eines Hängeschranks. So ist der Druck auf die Tomatenmischung größer, aber nicht so groß, dass der Saft trüb wird. Damit er klar bleibt, wird das Tuch nicht zusammengepresst.

[a]

[b]

DER SAFT BLEIBT BEIM ABTROPFEN KLAR.

[a]

[b]

DAS IST *wirklich* WICHTIG

[a] LAVENDELBLÜTEN ABLÖSEN
Die Blüten vorsichtig kalt abbrausen und mit Küchenpapier trocken tupfen. Die Blüten mit den Fingern abzupfen.

[b] GELIERPROBE Von der Konfitüre 1 TL abnehmen und auf einen kühlen kleinen Teller geben. Sie muss schnell dickflüssig werden. Den Teller leicht schräg halten, die Konfitüre darf nur langsam zerlaufen.

BUNTE TOMATENKONFITÜRE
mit Lavendelblüten

DAS INTENSIVE AROMA UND DIE FEINE SÄURE MACHEN TOMATEN ZUM IDEALEN KONFITÜREN-PARTNER. AUCH WENN DAS ETWAS UNGEWÖHNLICH SCHEINT.

Zutaten für 6 Gläser

1 kg gelbe, rote und grüne Tomaten

500 g Gelierzucker 1:2

6–8 Stängel Lavendel mit Blüten

1 Bio-Limette

besonderes Werkzeug
• 6 Gläser (à ca. 250 ml)

Zeitbedarf
• 30 Minuten +
  1 Stunde ruhen

Haltbarkeit
• mindestens 9 Monate

So geht's

1. Die Tomaten waschen und in kleine Würfel schneiden. Die Stielansätze dabei herausschneiden. Die Tomaten mit dem Gelierzucker in einem Topf mischen und etwa 1 Stunde stehen lassen, bis sich der Zucker gelöst hat. Zwischendurch ab und zu umrühren.

2. Die Lavendelstängel waschen und die Blüten ablösen [→ a]. Die Limette heiß waschen und abtrocknen, die Schale fein abreiben und den Saft auspressen.

3. Den Lavendel, die Limettenschale und den -saft zu den Tomaten geben und die Mischung zum Kochen bringen. Die Konfitüre offen etwa 4 Minuten sprudelnd kochen lassen. Die Gelierprobe machen [→ b]. Die Konfitüre in sauber ausgespülte Gläser füllen und diese sofort verschließen.

Die Variante

Tomaten-Feigen-Konfitüre mit Zitrone
200 g frische Feigen (je nach Größe 2–4 Stück) waschen und den Stiel abschneiden. Die Feigen würfeln. 800 g Tomaten (eine Farbe oder gemischt) häuten und würfeln. 1 Bio-Zitrone waschen und abtrocknen, die Schale fein abreiben. Die weiße Haut darunter so weit abschneiden, dass das Fruchtfleisch zu sehen ist. Das Zitronenfleisch zwischen den Trennhäutchen herausschneiden und würfeln. Mit Feigen, Tomaten und 500 g Gelierzucker 1:2 in einem Topf mischen und mindestens 1 Stunde stehen lassen. Erhitzen und 4 Minuten kochen lassen, dann gleich in Gläser füllen und diese verschließen.

TOMATEN AUS TUBE,
Glas und Co.

WENN SIE SAISON HABEN, IST ES KEINE FRAGE: WIR GEBEN FRISCHEN TOMATEN IN JEDEM FALL DEN VORZUG. IM WINTER ABER HABEN WIR AUSGEZEICHNETE ALTERNATIVEN.

Tomaten für Dose, Glas und Tube werden dann geerntet und konserviert, wenn sie Saison haben, bringen also eine Menge Aroma mit. Natürlich gibt es auch bei den Konserven qualitative und geschmackliche Unterschiede; probieren Sie einfach ein paar Sorten durch, bevor Sie sich für die entscheiden, die Sie immer im Vorrat haben wollen.

GESCHÄLTE TOMATEN

In der 400- und in der 800-g-Dose sind geschälte Eiertomaten im Handel. Sie werden vor allem in Italien konserviert, und zwar in der Hauptsaison und wenn sie voll ausgereift sind. Die ungewürzten Tomaten schwimmen im eigenen Saft und sind im Winter jeder Treibhaustomate vorzuziehen.

Gehäutet und gehackt gibt es die aromatischen Tomaten ebenfalls zu kaufen, in der Dose oder im Tetrapak. Achten Sie beim Einkauf vor allem darauf, dass die Tomaten ungewürzt oder allenfalls gesalzen konserviert wurden.

PASSIERTE TOMATEN / PÜREE

Dafür werden die geschälten Tomaten fein zerkleinert und in Dose oder Tetrapak gefüllt. Man verwendet passierte Tomaten zum Beispiel für Suppen oder Pizza. Achten Sie auch beim Püree darauf, dass es nicht gewürzt ist.

TOMATENMARK

Für die dicke fruchtige Paste wurden früher
pürierte Tomaten in heißen Gegenden wie Süditalien einfach in flachen Schalen verteilt und
in die Sonne gestellt, bis die Masse dick und
trocken war. Für das Mark, das wir heute in
der Tube oder in kleinen Dose kaufen, wird das
Püree so lange eingekocht, bis es sehr konzentriert und dicklich ist. Tomatenmark ist leicht
gesalzen und gibt vielen Gerichten Geschmack
und Farbe. In der Regel können Sie wählen
zwischen eher mildem einfach konzentriertem
Mark und den kräftigeren Varianten, die zwei-
oder sogar dreifach konzentriert wurden.

TOMATENKETCHUP

Für Geschmack und Haltbarkeit sorgen in diesem Liebling aller Kinder neben Zucker und
Essig verschiedene Gewürze. Man bekommt
Ketchup in einer normalen milden Version, aber
auch mit Curry oder Chili verschärft zu kaufen.
Sie können ihn natürlich auch nach den Rezep-
ten auf Seite 12 und 14 selber machen. Ketchup
ist sehr lange haltbar, muss aber nach dem
Öffnen im Kühlschrank aufbewahrt werden.

GETROCKNETE TOMATEN

Auch sie können nach dem Halbieren an der
Sonne trocknen – vorausgesetzt, sie ist so
kräftig und heiß wie in Süditalien, wo die Eiertomaten nach dem Aufschneiden auf Gittern
in der Sonne brutzeln. In feuchteren und küh-
leren Regionen macht man das besser in Dörr-
apparaten. Das Trocknen im Backofen gelingt
zu Hause zwar auch, dauert aber sehr lange
und braucht daher viel Energie – für kleine
Mengen also nicht gerade sinnvoll. Außerdem
können Sie getrocknete Tomaten von einer
Italienreise mitbringen, inzwischen aber auch
hier bei uns in gut sortierten Lebensmittelläden
und beim Gemüsehändler kaufen. Wie Sie sie
selber fein einlegen, erfahren Sie auf Seite 20.
Natürlich können Sie die getrockneten Tomaten auch eingelegt im Glas kaufen, hier gibt es
allerdings große Qualitätsunterschiede.

TOMATEN EINFRIEREN

Wenn Sie viele Tomaten geerntet haben oder
eine Sorte beim Händler entdeckt haben, die besonders viel Aroma mitbringt, lohnt es sich,
einen kleinen Vorrat für den Winter anzulegen.
Die Tomaten dazu häuten (siehe Seite 51) und
grob oder fein würfeln. In Tiefkühlbehälter
verpackt einfach in das Gefrierfach stellen.
Die Tomaten können Sie unaufgetaut für Saucen und Suppen verwenden; roh schmecken
sie nach dem Einfrieren allerdings nicht mehr
besonders intensiv.

TOMATEN-PESTO
mit Pinienkernen

EIN WUNDERBAR AROMATISCHES PESTO, DAS ZU NUDELN EBENSO GUT SCHMECKT WIE ALS CROSTINI-AUFSTRICH AUF KNUSPRIG GERÖSTETEN WEISSBROTSCHEIBEN.

Zutaten für 2 Gläser

100 g getrocknete Tomaten (in Öl; fertig gekauft oder selbst gemacht, Rezept Seite 21)

50 g Pinienkerne

4 Stängel Basilikum

2 Knoblauchzehen

1 EL Kapern

8 EL Olivenöl

50 g frisch geriebener Parmesan oder Pecorino

1 TL Aceto balsamico

Salz, Pfeffer aus der Mühle

Olivenöl zum Bedecken

besonderes Werkzeug
· Mixer
· 2 Gläser (à ca. 150 ml)

Zeitbedarf
· 15 Minuten

Haltbarkeit
· mindestens 2 Monate

So geht's

1. Die Tomaten abtropfen lassen und grob zerkleinern. Die Pinienkerne in einer Pfanne ohne Fett unter Rühren bei mittlerer Hitze goldgelb rösten. Das Basilikum waschen und trocken schütteln. Die Blättchen abzupfen und grob schneiden. Den Knoblauch schälen und fein hacken.

2. Die Tomaten mit den Pinienkernen, dem Basilikum, den Kapern und dem Öl im Mixer fein zerkleinern. Den Käse und den gehackten Knoblauch unterrühren und das Pesto mit dem Essig, Salz und Pfeffer abschmecken. Das Pesto in sauber ausgespülte Gläser füllen und mit einer Schicht Olivenöl bedecken. Die Gläser verschließen und kühl lagern.

SO SCHMECKT'S AUCH Das Pesto ist auf geröstetem Brot eine willkommene Kleinigkeit zum Aperitif. Es schmeckt aber auch sehr gut mit Nudeln oder Gnocchi. Dazu in einer vorgewärmten Schüssel mit etwas heißem Nudelkochwasser cremig rühren und mit den heißen Nudeln oder Gnocchi mischen. Mit frisch geriebenem Parmesan servieren.

TOMATEN-ZWIEBEL-RELISH
mit Orangenaroma

VON EINEM CHUTNEY UNTERSCHEIDET SICH EIN RELISH DADURCH, DASS ES ETWAS MILDER IST UND KÜRZER GEGART WIRD. VERWENDET WIRD ES WIE EIN CHUTNEY.

Zutaten für 4 Gläser

400 g rote oder braune Zwiebeln

600 g Tomaten

1 große Bio-Orange (gibt's im Sommer im Bioladen)

2 EL Olivenöl (oder neutrales Öl)

1 TL Koriandersamen

2 EL Orangenlikör (nach Belieben)

⅛ l Balsamico bianco

100 g brauner Zucker

Salz

frisch geriebene Muskatnuss

besonderes Werkzeug
• 4 Twist-off-Gläser (à ca. 250 ml)

Zeitbedarf
• 25 Minuten +
  20 Minuten garen

Haltbarkeit
• mindestens
  6 Monate

So geht's

1. Die Zwiebeln schälen, vierteln und in feine Streifen schneiden. Aus den Tomaten die Stielansätze herausschneiden. Die Tomaten mit kochendem Wasser überbrühen, kurz ziehen lassen, abschrecken und häuten. Die Tomaten achteln. Die Orange heiß waschen und abtrocknen, die Schale dünn abschneiden (ohne das Weiße) und in Streifen schneiden. Den Saft auspressen.

2. Das Öl in einem Topf erhitzen, die Zwiebeln darin mit dem Koriander leicht andünsten. Die Tomaten dazugeben, mit der Orangenschale, dem Saft, nach Belieben dem Likör, dem Essig und dem Zucker mischen und mit Salz und Muskat würzen.

3. Die Mischung offen bei schwacher bis mittlerer Hitze etwa 20 Minuten köcheln lassen. Mit Salz abschmecken und in saubere Twist-off-Gläser füllen. Gleich verschließen.

Das Relish passt besonders gut zu Geflügel, aber auch zu Wild.

MARINIERTE TOMATEN
in Olivenöl

DIE FEIN SÄUERLICHEN TOMATEN SCHMECKEN AUSGEZEICHNET ALS KLEINE VORSPEISE, ZUM BEISPIEL MIT DEN EINGELEGTEN GETROCKNETEN TOMATEN.

Zutaten für 2 Gläser

500 g Kirschtomaten (rote oder rote und gelbe gemischt)

4 Knoblauchzehen

8 Zweige Thymian

150 ml Weißweinessig

2 EL Zucker

2 TL schwarze Pfefferkörner

Salz

ca. 200 ml gutes Olivenöl

besonderes Werkzeug
2 Twist-off-Gläser (à ca. 400 ml)

Zeitbedarf
• 30 Minuten +
  2 Stunden ruhen +
  1 Tag ziehen

Haltbarkeit
mindestens 1 – 2 Monate

So geht's

1. Die Tomaten mit kochendem Wasser überbrühen, kurz ziehen lassen, abschrecken und häuten. Den Knoblauch schälen und in dünne Scheiben schneiden. Den Thymian waschen und trocken schütteln. Die Zweige mit der Küchenschere ein- bis zweimal durchschneiden.

2. Den Essig mit ½ l Wasser, dem Zucker und den Pfefferkörnern zum Kochen bringen und salzen. Etwa 10 Minuten offen köcheln lassen. Die Tomaten mit dem Knoblauch und dem Thymian in einer Schüssel mit dem Essigsud begießen und etwa 2 Stunden ziehen lassen.

3. Den Sud abgießen und auffangen, die Tomaten mit Knoblauch, Thymian und Pfefferkörnern in saubere Twist-off-Gläser verteilen. Pro Glas etwa 2 EL Sud angießen. Dann mit so viel Olivenöl auffüllen, dass die Tomaten davon bedeckt sind [→ a]. Verschließen und mindestens 1 Tag durchziehen lassen.

DAS IST *wirklich* WICHTIG

[a] MIT ÖL BEDECKEN Damit die Tomaten sich gut halten, müssen sie im Glas komplett von einer Ölschicht bedeckt sein. Gießen Sie also langsam ausreichend Öl über die Tomaten.

SCHNELL UND GUT
Tomaten für jeden Tag

DIE SAUCE ZUR PASTA IST IM HANDUM-
DREHEN GEKOCHT, DER SALAT STEHT
IN MINUTENSCHNELLE AUF DEM TISCH.
ODER DAS KÖSTLICHE TOMATENGE-
RICHT IST IM NU VORBEREITET UND
WIRD FAST VON SELBER IM OFEN GAR.

TOMATEN-ZWIEBEL-SALAT
mit Honig-Balsamico-Dressing

GANZ SIMPEL UND EINFACH KÖSTLICH – EIN EHER MILDER ESSIG UND DER FEINE
HONIG VERTRAGEN SICH BESONDERS GUT MIT DER SÄURE DER TOMATEN.

Zutaten für 4 Portionen

2 EL Aceto balsamico

2 TL flüssiger Honig

Salz, Pfeffer aus der Mühle

4 EL gutes Olivenöl

2–3 milde rote oder weiße
Zwiebeln (je nach Größe)

4 Stängel Basilikum

600 g reife feste Tomaten
(am besten noch leicht
grünliche Salattomaten)

Zeitbedarf
• 15 Minuten

So geht's

1. Den Balsamico in einer Salatschüssel mit Honig, Salz und Pfeffer
   verrühren, dann das Öl cremig unterschlagen [→ a].

2. Die Zwiebeln schälen und vierteln. Die Viertel in feine Streifen
   schneiden und gründlich unter die Sauce rühren. Das Basilikum
   abbrausen und trocken schütteln. Die Blättchen in Stücke zupfen.
   Die Tomaten waschen und halbieren. Die grünen Stielansätze
   keilförmig herausschneiden, die Tomatenhälften in dünne Scheiben schneiden.

3. Basilikum und Tomaten unter das Dressing mit den Zwiebeln
   mischen, abschmecken und bald servieren.

Der Salat schmeckt sehr gut zu Gegrilltem, z.B. zu Koteletts oder zu
Bratwürsten, aber auch zu Gemüse wie grünem Spargel.

SÜSS UND SAUER Die Süße des Honigs gleicht die Säure – sowohl vom
Essig als auch von den Tomaten – sehr harmonisch aus. Wählen Sie am
besten eine eher milde Sorte wie Blüten- oder Akazienblütenhonig.
Und statt Honig können Sie auch ein anderes Süßungsmittel verwenden.
Versuchen Sie zum Beispiel auch einmal Ahornsirup oder Apfeldicksaft.

DAS IST *wirklich* WICHTIG

[a] SAUCE CREMIG SCHLAGEN

Wenn Honig und Balsamico mit Salz und Pfeffer verrührt sind, schlagen Sie das Öl mit einer Gabel nach und nach so lange kräftig unter, bis eine cremige Sauce entstanden ist. Dann haftet sie gut an den Tomaten und gibt ihnen den besonderen Geschmack.

DAS DRESSING SO CREMIG RÜHREN.

[a]

DAS IST *wirklich* WICHTIG

[a] TOMATEN ENTKERNEN Damit die Salatsauce nicht zu flüssig wird, entkernen Sie die Tomaten besser. Dafür die Früchte quer halbieren, jeweils in eine Hand nehmen und leicht zusammendrücken, um die Kerne herauszupressen. Streifen Sie die Kerne jetzt mit dem Messer einfach ab. Verwenden Sie sie für ein anderes Gericht, z. B. eine Tomatensauce, ein Ragout oder eine Suppe.

[a]

TOMATEN-VINAIGRETTE
zu Blattsalaten mit Sellerie

EINE AROMATISCHE SALATSAUCE, DIE ZU BLATTSALATEN EBENSO GUT SCHMECKT WIE ZU GEKOCHTEM GEMÜSE WIE BOHNEN, BROKKOLI ODER KURZ GEGARTEM SPITZKOHL.

Zutaten für 4 Portionen

300 g Tomaten

4 Stängel Basilikum oder Zitronenmelisse

1 TL Honigsenf

2 EL Balsamico bianco oder milder Weißweinessig

Salz, Pfeffer aus der Mühle

5 EL Olivenöl

2 TL kleine Kapern

1 Prise Chilipulver

200 g gemischte Blattsalate oder 1 Burgundersalat

2 Stangen Staudensellerie

Zeitbedarf
• 15 Minuten

So geht's

1. Die Tomaten waschen, von den Stielansätzen befreien und quer halbieren. Tomatenhälften entkernen [→ a] und in sehr kleine Würfel schneiden. Die Kräuter waschen und trocken schütteln, die Blättchen abzupfen und fein hacken.

2. Den Senf mit dem Balsamico, Salz und Pfeffer verrühren. Das Öl nach und nach zu einer cremigen Sauce unterschlagen. Tomaten, Kräuter und Kapern unterrühren, mit Chilipulver abschmecken.

3. Die Salatblätter auseinanderlösen, in stehendem kaltem Wasser mehrmals gründlich waschen, trocken schütteln und in mundgerechte Stücke zupfen. Den Sellerie waschen, putzen und in feine Scheiben schneiden. Das zarte Selleriegrün kalt waschen und trocken tupfen. Die Salate, den Sellerie und das Selleriegrün mit der Tomaten-Vinaigrette mischen und abschmecken. Bald servieren.

Die Variante

Brokkolisalat mit Tomaten-Orangen-Vinaigrette
600 g Brokkoli waschen, putzen und in Röschen teilen, Stiele schälen und in Scheiben schneiden. Brokkoli in etwa 4 Minuten bissfest garen, abschrecken und abtropfen lassen. 2 Tomaten waschen und klein würfeln. 1 Orange so schälen, dass auch die weiße Haut entfernt wird. Orangenfilets aus den Trennhäuten schneiden. Den Saft auffangen und mit 2 EL Zitronensaft, Salz und Pfeffer verrühren. 4 EL Öl unterschlagen. Tomaten und Orangenschnitze mit 1 EL fein gehackter Petersilie untermischen, mit Salz und Pfeffer abschmecken und mit dem Brokkoli mischen. Mit 2 EL gerösteten Pinienkernen bestreuen.

TOMATEN-EIER-SALAT
mit Schnittlauch

DURCH DIE EIER WIRD DER SAFTIGE SALAT LEICHT SÄMIG –
EIN KLEINER IMBISS, DER AUCH KINDERN SCHMECKT.

Zutaten für 4 Portionen

8 Eier

600 g Tomaten

1 Bund Schnittlauch

1 EL heller Essig

1 TL scharfer Senf

3 EL Crème fraîche oder saure Sahne

Salz, Pfeffer aus der Mühle

1 EL Kapern (nach Belieben)

Zeitbedarf
• 20 Minuten

So geht's

1. Die Eier anpieksen und in kochendem Wasser in etwa 8 Minuten nicht ganz hart kochen. Kalt abschrecken und abkühlen lassen.

2. Die Tomaten waschen und in kleine Würfel schneiden. Die Stielansätze dabei entfernen. Den Schnittlauch waschen, trocken schütteln und in feine Röllchen schneiden. Die Eier pellen und würfeln.

3. Den Essig mit dem Senf und der Crème fraîche verrühren und mit Salz und Pfeffer abschmecken. Die Tomaten, die Eier und den Schnittlauch, nach Belieben auch die Kapern untermischen. Abschmecken und mit Bauernbrot servieren.

Die Variante

Tomaten-Gurken-Salat mit Feta
½ Salatgurke, 400 g Tomaten und ½ gelbe Paprikaschote waschen, putzen und klein würfeln. 1 milde weiße oder rote Zwiebel schälen, vierteln und in feine Streifen schneiden. ½ Bund Dill waschen und grob hacken. 150 g Feta (Schafskäse) würfeln oder zerkrümeln. Diese Zutaten mit 2 EL Oliven mischen. 2 EL milden Essig mit Salz, Pfeffer und 4 EL Olivenöl zu einer cremigen Sauce schlagen, unter die Salatzutaten heben und abschmecken. Den Salat nach Belieben mit scharfen eingelegten Peperoni belegen.

TOMATEN-ROMANA-SALAT
mit Oliven-Dressing

EIN BESONDERS WÜRZIGER TOMATENSALAT, DER GUT
ZU GEGRILLTEM FLEISCH UND FISCH PASST.

Zutaten für 4 Portionen

100 g grüne Oliven

1 Sardellenfilet (in Öl)

½ Bund Petersilie

1 ½ EL Zitronensaft

Salz, Pfeffer aus der Mühle

4 EL Olivenöl

1 kleiner Romanasalat

500 g Tomaten

1 kleine, milde weiße
Zwiebel (nach Belieben)

etwa 50 g Parmesan am
Stück

Zeitbedarf
• 15 Minuten

So geht's

1. Die Oliven vom Stein schneiden und fein hacken.
   Das Sardellenfilet abtropfen lassen und ebenfalls fein schneiden. Die Petersilie waschen und
   trocken schütteln. Die Blättchen abzupfen und
   fein hacken.

2. Den Zitronensaft mit Salz und Pfeffer verrühren.
   Das Öl mit einer Gabel cremig unterschlagen.
   Die Oliven, die Sardellenstücke und die Peter-
   silie untermischen.

3. Den Romanasalat in die einzelnen Blätter teilen,
   waschen und trocken schleudern. In Stücke
   zupfen oder in Streifen schneiden. Die Tomaten
   waschen und in Spalten schneiden, die Stielansätze dabei herausschneiden. Nach Belieben
   die Zwiebel schälen, vierteln und in feine Streifen schneiden.

4. Den Salat, die Tomaten und eventuell die Zwiebel
   mit dem Dressing mischen und abschmecken.
   Auf vier Teller verteilen. Vom Parmesan mit dem
   Gurkenhobel feine Späne darüberhobeln.

Die Variante

**Tomatensalat mit
Kapern und Sardellen**
600 g Tomaten waschen
und ohne Stielansätze
achteln. 1 Bund Rucola
verlesen, waschen und
trocken schütteln, große
Blätter kleiner zupfen.
1 rote Zwiebel schälen,
vierteln und in feine
Streifen schneiden.
1 EL Aceto balsamico
mit Salz und Pfeffer
verrühren, 4 EL Olivenöl
zu einer cremigen Sauce
unterschlagen. Mit den
vorbereiteten Zutaten
mischen. Mit 8 Sardel-
lenfilets (in Öl), 1 EL
Kapern und 2 EL Oliven
garnieren. Mit Röstbrot
als Vorspeise servieren.

TOMATEN FÜR BALKON
und Garten

PFLANZEN KAUFEN

In Gartencentern ergeht es Ihnen in der Regel nicht anders als im einfachen Gemüseladen: Sie bekommen Kirschtomaten, runde Tomaten und Fleischtomaten. Hier wie dort werden Sie eine nähere Sortenbezeichnung nicht finden. Anders sieht es in gut sortierten Gärtnereien aus. Dort gibt es im besten Fall 50 verschiedene Sorten, bei manchen sogar noch mehr. Viele dieser Tomatengärtner bieten auch einen Versandservice an.

Welche Sorten Sie auswählen, hängt in erster Linie davon ab, wie viel Platz Sie haben und wo die Pflanze stehen soll. So können Sie Sorten kaufen, die wie ein Busch eher breit wachsen und nur etwa 30 cm hoch werden wie die *Dreikäsehoch-46* oder solche, die schlank und hoch wachsen wie *Omas Beste*. Gärtnereien, die viele Sorten im Angebot haben, geben nicht nur über den Geschmack, sondern auch über die Eigenschaften und Ansprüche beim Wachsen Auskunft. Informieren Sie sich also dort.

Wenn Sie mehrere Pflanzen kaufen, mischen Sie am besten frühe, mittelfrühe und späte Sorten, damit Sie über einen langen Zeitraum immer reife Tomaten ernten können.

DER RICHTIGE STANDORT

Tomaten mögen es warm und sonnig. Auch wenn Sie einen Garten mit Gemüsebeet haben, ist ein großer Topf oder natürlich ein Beet an der hellen sonnigen Hauswand eher der ideale Standort. Dort haben die Pflanzen es warm, und die Hauswand strahlt zusätzlich Wärme ab. Noch besser: Sie stehen so geschützt, dass der Dachvorsprung sie vor Regen schützt. Regen mögen Tomaten nämlich gar nicht. Wählen Sie also in jedem Fall einen Platz, wo sie geschützt stehen und dennoch genügend Sonne bekommen. Oder bauen Sie eine Vorrichtung, mit der Sie die Tomatenpflanzen bei Regen schützen können, etwa ein abnehmbares Foliendach.

TOMATEN IM TOPF

Mindestens 10, besser 15 l Fassungsvermögen sollte der Topf haben. Und auch bei der Erde sollten Sie nicht sparen. Je hochwertiger sie ist, desto besser gedeihen auch die Pflanzen. Bevor Sie die Tomatenpflanzen in die Erde setzen, mischen Sie etwas Dünger, z.B. Hornspäne, unter die Erde. Außerdem brauchen Sie Stöcke, an denen Sie die Tomaten festbinden können, sobald sie höher gewachsen sind.

REGELMÄSSIG DÜNGEN

Tomaten sind sogenannte Starkzehrer, das heißt, sie ziehen reichlich Nährstoffe aus dem Boden. Werden sie im Beet gezogen, sollten Sie den Standort jedes Jahr wechseln, damit der Boden nicht auslaugt. Im Topf alle vier Wochen düngen: entweder mit Brennnesseljauche oder mit etwas frischer Erde mit Hornspänen auffüllen.

TOMATEN-CARPACCIO
mit mariniertem Mozzarella

TOMATEN MIT MOZZARELLA IST NACH WIE VOR EIN KLASSIKER
DER SOMMERKÜCHE. WÜRZIGER UND RAFFINIERTER IST DIESE VARIANTE.

Zutaten für 4 Portionen

1 Bund Basilikum

1 rote Chilischote

1 EL Kapern

1 Stück Bio-Zitronenschale

250 g Mozzarella (am besten
aus Büffelkuhmilch)

6 EL Olivenöl

½ TL Honig

Salz

500 g feste reife Tomaten

Zeitbedarf
• 20 Minuten +
  30 Minuten marinieren

So geht's

1. Das Basilikum kalt abspülen und trocken schütteln. Die Blättchen abzupfen und fein hacken. Die Chilischote waschen und vom Stiel befreien. Mit oder ohne Kerne fein hacken [→ a]. Die Kapern abtropfen lassen und fein schneiden. Die Zitronenschale in dünne Streifen schneiden.

2. Den Mozzarella abtropfen lassen und in kleine Würfel schneiden. Basilikum, Chili, Kapern und Zitronenschale mit 2 EL Olivenöl und dem Honig verrühren und mit Salz würzen. Die Mozzarellawürfel locker untermischen und etwa 30 Minuten ziehen lassen.

3. Die Tomaten waschen und die Stielansätze herausschneiden. Die Tomaten quer zu den Samenkammern in dünne Scheiben schneiden [→ b] und dachziegelartig auf vier Tellern auslegen. Das übrige Olivenöl darüberträufeln und die Tomaten salzen. Den Mozzarella darauf anrichten und das Carpaccio servieren.

Dazu schmeckt frisches Weißbrot.

[b]

EIN MESSER
MIT WELLEN-
SCHLIFF
SCHNEIDET
DIE HAUT AM
BESTEN.

DAS IST *wirklich* WICHTIG

[a] **SCHÄRFE BESTIMMEN** Je nachdem wie scharf Sie den Mozzarella würzen möchten, zerkleinern Sie die Chilischote mit oder ohne Kerne. Mit Kernen wird es schön feurig. Wenn Sie es milder mögen, schneiden Sie die Schote vorher der Länge nach auf und entfernen die Kerne mitsamt den Trennhäutchen.

[b] **TOMATEN SCHNEIDEN** Damit Sie nicht an der glatten Tomatenhaut abrutschen, nehmen Sie am besten ein Messer mit gezackter Klinge.

DAS IST
wirklich
WICHTIG

[a] TROCKEN HALTEN Damit das Brot auch dann nicht durchweicht, wenn es eine Weile steht, entfernen Sie zumindest einen Teil der Kerne mit dem weichen Fleisch.

[b] KNOBLAUCH REIBEN Das geröstete Brot funktioniert wie eine Reibe. Schälen Sie den Knoblauch, nehmen Sie die Zehe zwischen die Finger und reiben Sie damit über das Brot. Je nach Knoblauchliebe mehr oder weniger.

[b]

TOMATEN-BRUSCHETTA
mit Basilikum und Knoblauch

AM BESTEN SCHMECKT SIE MIT ETWAS RUSTIKALEREM WEISSBROT AUS DEM
ITALIENISCHEN FEINKOSTLADEN – KANN AUCH GUT VOM VORTAG SEIN.

Zutaten für 4 Portionen

200 g Tomaten

1 EL Basilikumblättchen

5 EL Olivenöl

Salz, Pfeffer aus der Mühle

8 Scheiben italienisches
Weißbrot

4 Knoblauchzehen (schön
frisch und fleischig)

Zeitbedarf
· 20 Minuten

So geht's

1. Den Backofen auf 250 °C (Umluft 220 °C) vorheizen.

2. Die Tomaten waschen und halbieren. Die Hälften leicht zusammendrücken und einen Teil
   der Kerne mitsamt dem weichen Fruchtfleisch
   entfernen [→ a] (siehe Seite 36). Die Tomaten
   ohne Stielansätze klein würfeln. Die Basilikumblättchen fein schneiden. Tomaten und Basilikum mit dem Öl mischen und mit Salz und
   Pfeffer abschmecken.

3. Die Brotscheiben nebeneinander auf den Rost
   legen und im Backofen (Mitte) in 4 – 5 Minuten
   knusprig rösten.

4. Inzwischen die Knoblauchzehen schälen. Die
   gerösteten Brotscheiben mit dem Knoblauch ein-
   reiben [→ b], die Tomatenwürfel darauf verteilen
   und die Bruschette möglichst bald essen.

Die Variante

Brotsalat mit Tomaten
Für diese Spezialität aus
der Toskana 150 g alt-
backenes (1 – 3 Tag alt)
Weißbrot in Würfel
schneiden. 1 milde rote
oder weiße Zwiebel
schälen, vierteln und in
Streifen schneiden.
400 g Tomaten, je ½ rote
und gelbe Paprikaschote
und ca. 200 g Salatgurke
waschen, putzen und
würfeln. Mit 3 EL Weiß-
weinessig und 7 EL Oli-
venöl unter das Brot
mischen, mit Salz und
Pfeffer abschmecken und
etwa 1 Stunde ziehen
lassen. Dann noch einmal
durchrühren und nach
Belieben mit Kapern und/
oder Basilikumblättchen
bestreuen.

DIE TOMATENMISCHUNG LÄSST SICH BELIEBIG AUFPEPPEN Zusätzlich zum oder
statt dem Basilikum grob gehackte Kapern oder Oliven untermischen, fein geschnittene
Sardellen zugeben oder klein gehackte rote Chilischote. Und statt Basilikum können
Sie Minze, Thymian oder Zitronenmelisse versuchen. Auch fein: In Katalanien werden
die Brote leicht geröstet und Tomatenhälften mit den Schnittflächen darübergerieben,
bis die Brote Fruchtfleisch angenommen haben. Dann mit Olivenöl beträufeln und mit
Sardellenfilets belegen.

COUSCOUS-SALAT
mit Tomaten und Minze

EIN ERFRISCHEND LEICHTER SOMMERSALAT MIT ARABISCHER NOTE, DER ALS KLEINES ESSEN EBENSO GUT SCHMECKT WIE ALS BEILAGE BEIM GRILLEN.

Zutaten für 4 Portionen

200 g Couscous

500 g Tomaten

1 kleines Bund Minze

2 Frühlingszwiebeln

1 rote Chilischote

5 EL Olivenöl

2 EL Pinienkerne

4 EL Zitronensaft

Salz

½ TL gem. Koriander

Zeitbedarf

• 35 Minuten

So geht's

1. Den Couscous in einer Schüssel mit so viel lauwarmem Wasser begießen, dass er gerade davon bedeckt ist. 20–30 Minuten stehen lassen [→ a].

2. Inzwischen die Tomaten waschen, von den Stielansätzen befreien und sehr fein würfeln. Die Minze waschen und trocken schütteln. Die Blättchen abzupfen und fein hacken. Die Frühlingszwiebeln waschen, putzen und mit dem saftigen Grün in feine Ringe schneiden. Die Chilischote waschen, vom Stiel befreien und mit den Kernen fein hacken.

3. In einer kleinen Pfanne 1 EL Öl erhitzen und die Pinienkerne darin bei mittlerer Hitze unter Rühren goldgelb braten.

4. Den Zitronensaft mit dem restlichen Öl cremig schlagen. Die Sauce mit den Tomaten, der Minze, den Zwiebelringen und dem Chili unter den Couscous rühren. Mit Salz und gemahlenem Koriander würzen. Vor dem Servieren die Pinienkerne aufstreuen.

SO SCHMECKT'S AUCH Statt Couscous können Sie für den erfrischenden Salat auch feinen Bulgur nehmen. Dieser wird aus gekochten, getrockneten und anschließend geschroteten Weizenkörnern gemacht. Couscous hingegen ist Grieß aus Hartweizen.

DAS IST *wirklich* WICHTIG

[a] GETREIDE EINWEICHEN Couscous muss nicht gekocht werden.
Einfach in einer Schüssel mit warmem Wasser begießen, sodass die
Körner gerade damit bedeckt sind. Lassen Sie sie dann 20 – 30 Minu-
ten stehen. Sie saugen das Wasser auf und werden deutlich größer.

BOHNENSALAT
mit Tomatencreme und Käse

SCHMECKT MIT PELLKARTOFFELN ALS KOMPLETTE MAHLZEIT
ODER MIT BROT ALS IMBISS.

Zutaten für 4 Portionen

200 g junge Zucchini

Salz

200 g Tomaten

50 g gegrillte Paprika (aus dem Glas)

1 EL Kapern

2 EL Olivenöl

1 Stück getrocknete Chilischote

200 g Feta (Schafskäse)

1 Dose gekochte weiße Bohnenkerne (240 g Abtropfgewicht)

besonderes Werkzeug
• Pürierstab

Zeitbedarf
• 20 Minuten

So geht's

1. Die Zucchini waschen und die Enden abschneiden. Die Zucchini grob raspeln und mit Salz mischen. 10 Minuten beiseitestellen und Saft ziehen lassen.

2. Inzwischen die Tomaten waschen und ohne Stielansatz würfeln. Die Paprika abtropfen lassen und grob schneiden. Tomaten und Paprika mit Kapern, Olivenöl und dem Chilistück mit dem Pürierstab fein pürieren und mit Salz würzen.

3. Den Feta in kleine Würfel schneiden oder in Stücke krümeln. Die Bohnenkerne in einem Sieb gründlich kalt abspülen, bis das ablaufende Wasser klar bleibt.

4. Die Flüssigkeit von den Zucchini abgießen. Bohnen und Tomatencreme zu den Zucchini geben und gut vermischen. Den Feta locker unterheben und den Salat abschmecken.

KARTOFFELSALAT
mit Tomaten und Kräuteröl

TOLLE BEILAGE ZU GEBRATENEM ODER PANIERTEM FISCH,
ZU FRIKADELLEN UND ZU GEGRILLTEM FLEISCH.

Zutaten für 4 Portionen

600 g festkochende
Kartoffeln

400 g Tomaten

1 milde weiße oder rote
Zwiebel

je ½ Bund Basilikum und
Petersilie

je 4 Stängel Minze und
Oregano

6 EL Olivenöl

2 EL Zitronensaft oder
Balsamico bianco

2 EL Gemüsebrühe

1 TL Honigsenf

Salz, Pfeffer aus der Mühle

besonderes Werkzeug
• Mixer oder Pürierstab

Zeitbedarf
• 35 Minuten

So geht's

1. Die Kartoffeln in der Schale in kochendem Wasser zugedeckt in etwa 20 Minuten nicht zu weich garen. Abgießen und lauwarm abkühlen lassen.

2. Inzwischen die Tomaten waschen und ohne Stielansätze würfeln. Die Zwiebel schälen, vierteln und in möglichst dünne Streifen schneiden. Die Kräuter waschen und trocken schütteln. Die Blättchen von den Stielen zupfen und grob hacken.

3. Die Kräuter mit dem Öl, dem Zitronensaft und der Brühe im Mixer oder mit dem Pürierstab fein pürieren. Mit Senf, Salz und Pfeffer abschmecken.

4. Die Kartoffeln pellen und vierteln. Die Viertel je nach Größe noch ein- bis zweimal teilen. Mit den Tomatenwürfeln und den Zwiebelstreifen locker mit der Sauce mischen. Abschmecken und bald servieren.

Die Variante

Scharfer Nudelsalat
250 g kurze Nudeln
(z. B. Fusilli) nach
Packungsangabe bissfest kochen, abschrecken und abtropfen
lassen. 300 g Tomaten
waschen und ohne
Stielansatz würfeln.
400 g Wasser- oder
Honigmelone putzen,
schälen und ebenfalls
würfeln. 1 rote Chilischote waschen und
mit den Kernen fein
schneiden. Die Blättchen von 6 Stängeln
Zitronenmelisse fein
hacken. 100 g roh geräucherten Schinken
in Streifen schneiden.
2 EL Balsamico bianco
mit Salz und 4 EL Olivenöl cremig schlagen.
Alle vorbereiteten
Zutaten mischen und
abschmecken.

TOMATENSUPPE
mit Mittelmeerkräutern

**VOLLREIFE TOMATEN UND AROMATISCHE SOMMERKRÄUTER –
VIEL MEHR BRAUCHT ES NICHT FÜR EINE LEICHTE FEINE SOMMERSUPPE.**

Zutaten für 4 Portionen

800 g Tomaten

2 Zweige Rosmarin

je 6 Zweige Oregano und
Thymian

ein paar Borretschblätter
(nach Belieben)

1 Bund Frühlingszwiebeln

2 Knoblauchzehen

2 EL Olivenöl

1 EL Polenta oder Grieß

½ l Gemüsebrühe

Salz, Pfeffer aus der Mühle

½ TL Honig

frisch geriebener Parmesan
zum Bestreuen

Zeitbedarf
• 30 Minuten

So geht's

1. Die Tomaten überbrühen und häuten [→ a + b] und ohne Stielansätze klein würfeln. Die Kräuter waschen und trocken schütteln. Von den Stielen zupfen und fein hacken. Die Frühlingszwiebeln waschen und putzen. Etwas Grün beiseitelegen, den Rest der Zwiebeln in feine Ringe schneiden. Den Knoblauch schälen und fein hacken.

2. Das Öl im Suppentopf erhitzen, die Zwiebelringe, den Knoblauch und die Kräuter darin andünsten. Polenta oder Grieß dazugeben und kurz mitgaren. Dann die Tomaten und die Brühe dazugeben und zum Kochen bringen. Die Suppe offen bei mittlerer bis schwacher Hitze etwa 10 Minuten köcheln lassen, bis sie leicht sämig wird.

3. Das Zwiebelgrün in feine Ringe schneiden. Die Suppe mit Salz, Pfeffer und Honig abschmecken. Vor dem Servieren das Zwiebelgrün aufstreuen. Parmesan dazu servieren.

DAS IST *wirklich* WICHTIG

[a] **TOMATEN ÜBERBRÜHEN**
Schneiden Sie den Stielansatz der Tomaten mit einem spitzen Messer wie einen Keil heraus. Die Tomaten in einer Schüssel mit kochendem Wasser überbrühen und so lange ziehen lassen, bis sich die Haut leicht aufbiegt.

[b] **TOMATEN HÄUTEN** Schütten Sie die Tomaten in ein Sieb und schrecken Sie sie gründlich unter fließendem kaltem Wasser ab. Dann die Haut mit dem Messer fassen und abziehen. Falls sie sich an manchen Stellen nicht löst: dünn abschälen.

[b]

51

TOMATEN-BROT-SUPPE
mit Chilischote und Kräutern

DIESES FEINE GERICHT STAMMT AUS DER TOSKANA, WO DIE ZIEMLICH DICK-
FLÜSSIGE SUPPE NATÜRLICH MIT WEISSBROT ZUBEREITET WIRD.

Zutaten für 4 Portionen

200 g altbackenes Weiß- oder Mischbrot

1 kg Tomaten

½ Bund Thymian

2 Salbeiblättchen

1 rote Zwiebel

2 Knoblauchzehen

1 rote Chilischote

4 EL Olivenöl

½ l Gemüsebrühe

Salz, Pfeffer aus der Mühle

Zeitbedarf
• 40 Minuten

So geht's

1. Das Brot klein würfeln. Die Tomaten häuten (siehe Seite 51) und ohne Stielansätze ebenfalls würfeln. Die Kräuter waschen und trocken schütteln. Den Thymian von den Stielen streifen, den Salbei in feine Streifen schneiden. Die Zwiebel und den Knoblauch schälen und fein hacken. Die Chilischote waschen und den Stiel abschneiden. Die Schote mit den Kernen in feine Ringe schneiden.

2. In einem großen Topf 2 EL Öl erhitzen. Zwiebel und Knoblauch darin mit den Chiliringen und den Kräutern andünsten. Die Tomaten dazugeben, die Brühe angießen und offen bei mittlerer Hitze etwa 10 Minuten köcheln lassen.

3. Das Brot dazugeben und alles noch 10–15 Minuten köcheln lassen, bis sich das Brot auflöst und die Suppe schön cremig wird. Mit Salz und Pfeffer abschmecken und in Suppenteller füllen. Vor dem Servieren das übrige Öl darüberträufeln.

KICHERERBSENEINTOPF
mit Tomaten und Chorizo

SCHNELL GEMACHT, WUNDERBAR WÜRZIG UND DOCH SO LEICHT, DASS MAN SICH DEN EINTOPF AUCH AN HEISSEN TAGEN GERNE SCHMECKEN LÄSST.

Zutaten für 4 Portionen

1 Aubergine

500 g Tomaten

1 Zwiebel

2 Knoblauchzehen

je 2 Zweige Thymian, Bohnenkraut und Salbei

4 EL Olivenöl

¼ l Gemüsebrühe (wer mag, ersetzt die Hälfte durch trockenen Rotwein)

Salz, Chilipulver

200 g Chorizo (scharfe spanische Paprikawurst)

400 g gegarte Kichererbsen (aus Dose oder Glas)

½ Bund Petersilie

1 Msp. Honig oder Zucker

Zeitbedarf
• 35 Minuten

So geht's

1. Die Aubergine waschen, putzen und in kleine Würfel schneiden. Die Tomaten häuten (siehe Seite 51) und würfeln, die Stielansätze dabei herausschneiden. Die Zwiebel und den Knoblauch schälen und fein hacken. Die Kräuter waschen und trocken schütteln, von den Stielen zupfen und fein schneiden.

2. Das Öl in einem Schmortopf erhitzen, die Auberginenwürfel darin bei mittlerer Hitze stark anbraten. Zwiebel, Knoblauch und Kräuter kurz mitdünsten. Dann die Brühe und die Tomaten untermischen und das Gemüse mit Salz und Chilipulver nach Geschmack würzen. Zugedeckt bei mittlerer Hitze etwa 15 Minuten schmoren.

3. Inzwischen die Chorizo häuten und in dünne Scheiben schneiden. Die Kichererbsen in einem Sieb gründlich kalt abspülen. Die Petersilie waschen und trocken schütteln. Die Blättchen abzupfen und fein hacken.

4. Die Chorizo und die Kichererbsen unter das Gemüseragout mischen und erwärmen. Den Eintopf mit Honig oder Zucker und eventuell noch etwas Salz und Chilipulver abschmecken und mit der Petersilie bestreut servieren.

QUARK-KÄSE-NOCKEN
mit Tomaten-Oliven-Ragout

WIRKT EXKLUSIV, GELINGT ABER SO LEICHT, DASS SIE DIE SAFTIG-LOCKEREN
NOCKEN WIRKLICH IM ALLTAG ZUBEREITEN KÖNNEN.

Zutaten für 4 Portionen

500 g Quark oder Topfen

50 g altbackenes Weißbrot

1 Handvoll Borretschblätter oder Rucola

4 Eigelb

50 g frisch geriebener Parmesan oder Pecorino

Salz, Pfeffer aus der Mühle

800 g Tomaten

1 rote Zwiebel

2 Knoblauchzehen

¼ Bund Oregano

1 EL Olivenöl

⅛ l trockener Rotwein oder Gemüsebrühe

1 Prise Chilipulver

1 Msp. Honig

100 g schwarze Oliven

Zeitbedarf
• 40 Minuten

So geht's

1. Den Quark gut abtropfen lassen [→ a]. Das Brot in lauwarmem Wasser weich werden lassen. Inzwischen den Borretsch oder den Rucola waschen, trocken schütteln und sehr fein hacken.

2. Das Brot gut ausdrücken und zerpflücken. Den Quark mit den Kräutern, den Eigelben, dem Käse und dem Brot in einer Schüssel mischen, mit Salz und Pfeffer abschmecken und gut durchrühren.

3. Die Tomaten häuten (siehe Seite 51) und ohne Stielansätze achteln. Die Zwiebel und den Knoblauch schälen. Die Zwiebel halbieren und in Streifen schneiden, den Knoblauch in dünne Scheiben schneiden. Den Oregano waschen und trocken schütteln. Die Blättchen abzupfen und fein hacken.

4. Für die Nocken reichlich Wasser zum Kochen bringen und salzen. Mit zwei Esslöffeln Nocken formen [→ b] und im leise siedenden Wasser in etwa 10 Minuten gar ziehen lassen.

5. Inzwischen das Öl in einem weiten Topf erhitzen. Die Zwiebel und den Knoblauch darin andünsten. Oregano und Tomaten zugeben, mit dem Wein ablöschen und mit Salz, Pfeffer, Chili und Honig abschmecken. Offen bei schwacher Hitze etwa 10 Minuten schmoren. Dann die Oliven untermischen und nur erhitzen. Das Tomaten-Oliven-Ragout auf Teller verteilen.

6. Die Quark-Käse-Nocken mit dem Schaumlöffel aus dem Wasser heben, kurz abtropfen lassen und auf dem Ragout anrichten.

DAS IST *wirklich* WICHTIG

[a] **QUARK ABTROPFEN LASSEN**
Ein Sieb mit einem sauberen Tuch auslegen und den Quark einfüllen. Das Tuch zusammendrehen und die Flüssigkeit gut ausdrücken.

[b] **NOCKEN FORMEN** Einen nicht ganz gefüllten Esslöffel Quarkmasse abnehmen. Einen zweiten Löffel darauflegen, mit einer leichten Drehung unter die Quarkmasse fahren und vom unteren Löffel abstreifen. Diesen Vorgang zwei- bis dreimal wiederholen, bis das Klößchen schön glatt ist.

[b]

[a]

DAS IST
wirklich
WICHTIG

[a] GRÄTEN ENTFERNEN Fahren Sie mit den Fingerspitzen über die Fischfilets. Wenn Sie auf eine Gräte stoßen, das Fischfleisch rundherum mit den Fingern festhalten und die Gräte mit der Pinzette vorsichtig aus dem Fischfleisch ziehen.

[b] SELLERIE PUTZEN Waschen Sie die Stangen und zupfen Sie das zarte Grün ab. Das untere Ende der Selleriestange entfernen. Das obere Ende dort abschneiden, wo sich die Stange verzweigt. Falls sich Fäden lösen, ziehen Sie diese einfach ab.

[b]

FISCH-TOMATEN-TOPF
mit Sellerie und Zucchini

SOMMERKÜCHE, WIE SIE SEIN SOLL – LEICHT, SAFTIG UND VOLLER AROMA.
WELCHES DIE TOMATEN IN DER SONNE SO RICHTIG INTENSIV TANKEN KONNTEN.

Zutaten für 4 Portionen

600 g Fischfilets (eine Sorte oder gemischt, z. B. Lachsforelle oder Zander)

1 EL Zitronensaft

Salz, Pfeffer aus der Mühle

2 Stangen Staudensellerie

2 Zucchini

600 g Tomaten

1 Bund Frühlingszwiebeln

2 Knoblauchzehen

2 EL Olivenöl

1 TL Fenchelsamen

¼ l Fischfond oder Gemüsebrühe

1 EL Basilikum- oder Minzeblättchen

Zeitbedarf
• 35 Minuten

So geht's

1. Die Fischfilets von Gräten befreien [→ a] (siehe auch Seite 117), kalt abspülen und trocken tupfen. Dann in etwa 2 cm große Würfel schneiden und mit Zitronensaft, Salz und Pfeffer mischen.

2. Den Sellerie waschen und putzen [→ b]. Das Selleriegrün beiseitelegen. Die Zucchini waschen, putzen und würfeln. Die Tomaten häuten (siehe Seite 51) und würfeln. Die Stielansätze dabei entfernen. Die Frühlingszwiebeln waschen, putzen und mit dem knackigen Grün in feine Ringe schneiden. Den Knoblauch schälen und fein hacken.

3. Das Olivenöl in einem Topf erhitzen. Sellerie mit Zucchini, Frühlingszwiebeln, Knoblauch und Fenchelsamen darin anbraten. Tomaten und Fischfond oder Gemüsebrühe dazugeben und erhitzen. Das Gemüse salzen, pfeffern und zugedeckt bei schwacher Hitze etwa 10 Minuten garen.

4. Die Fischwürfel auf das Gemüse legen und zugedeckt in weiteren 5 Minuten gar ziehen lassen. Vorsichtig mischen und abschmecken. Die Kräuterblättchen mit dem Selleriegrün fein hacken und aufstreuen.

Dazu schmecken Salzkartoffeln oder Reis.

Die Variante

Tomaten-Gemüse-Topf mit Brätnockerln
Zusätzlich zu Sellerie und Zucchini je 1 rote und gelbe Paprika waschen und würfeln. Gemüse wie beschrieben anbraten, Tomaten und Wein oder Gemüsebrühe dazugeben und 10 Minuten garen. Inzwischen 1 Stange Lauch waschen, putzen und fein würfeln. Mit 50 g cremig gerührter Butter, 3 EL Semmelbröseln, der abgeriebenen Schale von ½ Bio-Zitrone und 2 TL Thymianblättchen unter 400 g Kalbsbrät rühren, mit Salz und Pfeffer würzen. Kleine Nocken abstechen und in leise siedendem Salzwasser in etwa 10 Minuten gar ziehen lassen. Herausheben und locker unter das Gemüse heben.

GEFÜLLTE TOMATEN
mit Couscous und Hackfleisch

EINE SAFTIGE UND WÜRZIGE VARIANTE DER HACKFLEISCH-REIS-FÜLLUNG,
DIE UNSERE GROSSMÜTTER ZUBEREITET HABEN.

Zutaten für 4 Portionen

80 g Couscous

8 große Tomaten

4 Frühlingszwiebeln

4 Knoblauchzehen

1 Bund Petersilie

100 g Feta (Schafskäse)

200 g gemischtes Hackfleisch

2 EL frisch geriebener Parmesan

Salz, Pfeffer aus der Mühle

1 TL edelsüßes Paprikapulver

½ TL rosenscharfes Paprikapulver

200 ml Gemüsebrühe

4 EL Pinienkerne

2 EL Butter

besonderes Werkzeug
• ofenfeste Form

Zeitbedarf
• 30 Minuten +
  30 Minuten backen

So geht's

1. Den Couscous in eine Schüssel geben und so viel heißes Wasser dazugeben, dass er gerade davon bedeckt ist. Etwa 15 Minuten quellen lassen.

2. Inzwischen die Tomaten waschen, einen Deckel abschneiden [→ a] und den Stielansatz aus dem Deckel herauslösen. Die Tomaten aushöhlen [→ b]. Das ausgehöhlte Fruchtfleisch und die Deckel fein würfeln.

3. Die Frühlingszwiebeln waschen, putzen und mit dem knackigen Grün in feine Ringe schneiden, den Knoblauch schälen und fein hacken. Die Petersilie waschen und trocken schütteln. Die Blättchen abzupfen und fein hacken. Den Feta in Stücke krümeln.

4. Den Backofen auf 200 °C (Umluft 180 °C) vorheizen. Den Couscous falls nötig abtropfen lassen, dann mit den Frühlingszwiebeln, dem Knoblauch, der Petersilie, dem Hackfleisch, 2 EL gehackten Tomaten, dem Feta und dem Parmesan mischen und mit Salz, Pfeffer und beiden Paprikasorten abschmecken. Die Mischung in die Tomaten füllen. Falls Füllung übrig bleibt, zu kleinen Bällchen formen und später neben die Tomaten legen.

5. Die Tomaten nebeneinander in eine ofenfeste Form setzen. Die restlichen gehackten Tomaten mit der Brühe mischen, salzen, pfeffern und zwischen den Tomaten verteilen. Die Tomaten mit den Pinienkernen bestreuen und mit der Butter in kleinen Stücken belegen. Im Ofen (Mitte) etwa 30 Minuten backen.

[b]

DAS IST *wirklich* WICHTIG

....

[a] DECKEL ABSCHNEIDEN Schneiden Sie den Deckel dort ab, wo die Tomate schon so breit ist, dass man sie gut füllen kann. Für einen einfachen Schnitt nehmen Sie ein Messer mit gezackter Klinge.

[b] TOMATEN AUSHÖHLEN Schneiden Sie das Fruchtfleisch an den fleischigen Stellen mit dem Messer etwa 1 cm vom Rand entfernt ein. Lösen Sie das Fruchtfleisch mitsamt den Kernen dann mit einem Löffel heraus.

DAS IST *wirklich* WICHTIG

. . . .

[a] THYMIAN ABLÖSEN Die Kräuter-
zweige abbrausen und trocken tupfen. Die Blättchen jetzt am besten von
den Stielen streifen. Das geht leichter als Zupfen. Streifen Sie dafür die
Blätter entgegen der Wuchsrichtung
mit zwei Fingern ab.

[a]

BLITZ-TOMATEN-SAUCE
mit kurzen Nudeln

DIESE FEINE UND SAFTIGE SAUCE IST SCHNELLER FERTIG, ALS DIE NUDELN
ZUM KOCHEN BRAUCHEN. BESONDERS GUT MIT RICHTIG REIFEN TOMATEN.

Zutaten für 4 Portionen

400 g Penne oder Rigatoni

Salz

600 g Tomaten

6 Zweige Thymian

2 EL Butter

½ TL Zucker

Pfeffer aus der Mühle

2 Stängel Basilikum

Zeitbedarf
• 15 Minuten

So geht's

1. Für die Nudeln reichlich Wasser zum Kochen bringen und salzen. Die Nudeln darin nach Packungsangabe al dente kochen.

2. Schon während das Wasser heiß wird, die Tomaten häuten (siehe Seite 51) und ohne Stielansätze in Würfel schneiden. Den Thymian waschen und trocken schütteln, die Blättchen abstreifen [→ a].

3. Etwa 5 Minuten vor Ende der Nudelkochzeit die Butter in einer Pfanne mit dem Zucker schmelzen und aufschäumen lassen. Die Tomaten mit dem Thymian dazugeben und etwa 2 Minuten unter Rühren erhitzen. Mit Salz und Pfeffer abschmecken. Den Basilikum waschen und trocken schütteln, die Blättchen von den Stielen lösen und in Stücke zupfen.

4. Die Nudeln abgießen, mit den Tomaten und dem Basilikum mischen und in vorgewärmten Tellern servieren.

Dazu schmeckt frisch geriebener Parmesan.

Die Variante

Tomatensahne mit Thymian
600 g Tomaten häuten und ohne Stielansätze sehr klein würfeln. 1 Zwiebel und 2 Knoblauchzehen schälen und sehr fein hacken. 6 Zweige Thymian waschen und trocken schütteln, die Blättchen von den Stielen streifen. 1 EL Butter in einem Topf zerlassen. Zwiebel, Knoblauch und Thymian darin andünsten. Die Tomaten dazugeben und bei starker bis mittlerer Hitze etwa 5 Minuten garen. 200 g Crème fraîche unterrühren und aufkochen. Mit Salz, Pfeffer und nach Belieben 1 Prise Chilipulver abschmecken. Mit Basilikum bestreut servieren. Passt zu kurzen Nudeln und Bandnudeln.

SO SCHMECKT'S AUCH Es muss nicht immer Parmesan sein: Versuchen Sie auch einmal Edelpilzkäse oder Mozzarella. In kleine Würfel schneiden und mit dem Basilikum und den Tomaten unter die heißen Nudeln mischen. Auch fein: Feta zerkrümeln und über die Nudeln im Teller streuen.

KALTE TOMATENSAUCE
mit Zucchini

EINE NUDELSAUCE, WIE MAN SIE IN SÜDITALIEN LIEBT –
KALT GERÜHRT UND MIT HEISSER PASTA SERVIERT.

Zutaten für 4 Portionen

200 g junge Zucchini

500 g Tomaten

2 getrocknete Tomaten (in Öl)

1 EL Kapern oder grüne Oliven (ohne Stein)

1 kleines Stück Bio-Zitronen-schale

2 Zweige Oregano (ersatzweise Basilikum oder Petersilie)

4 EL Olivenöl

Salz, Chilipulver

400 g kurze Nudeln (z. B. Orecchiette oder Casarecce)

Zeitbedarf
• 15 Minuten

So geht's

1. Die Zucchini waschen und die Enden abschneiden. Die Zucchini erst in Würfel schneiden, dann mit einem großen Messer kreuz und quer darüberhacken, bis sie schön klein sind. Die Tomaten waschen, von den Stielansätzen befreien, halbieren und einen Teil der Kerne entfernen. Die Tomaten fein würfeln.

2. Die getrockneten Tomaten und die Kapern abtropfen lassen und mit der Zitronenschale fein hacken. Den Oregano waschen und trocken schütteln. Die Blättchen abzupfen und fein schneiden.

3. Zucchini und Tomaten mit der Kapernmischung, dem Oregano und dem Olivenöl mischen und mit Salz und Chilipulver abschmecken. Nach Belieben ein paar Stunden durchziehen lassen oder gleich servieren.

4. Die Nudeln in kochendem Salzwasser nach Packungsangabe garen. Nudeln abgießen, ganz heiß mit der kalten Sauce mischen und in vorgewärmten Tellern servieren.

SO SCHMECKT'S AUCH Nudeln und Sauce mischen und abkühlen lassen. Vor dem Servieren noch einmal durchrühren und eventuell nachwürzen. Als sommerlichen Salat servieren.

KÄSESAUCE
mit Tomaten und Rucola

EDELPILZKÄSE SORGT IN DER FRUCHTIGEN SAUCE FÜR EINE CREMIGE KONSISTENZ UND VIEL AROMA.

Zutaten für 4 Portionen

500 g Tomaten

1 dünne Stange Lauch

1 Bund Rucola

150 g Edelpilzkäse

2 EL Pinienkerne

2 EL Olivenöl

100 ml Gemüsebrühe

Salz, Pfeffer aus der Mühle

Zeitbedarf
• 30 Minuten

So geht's

1. Die Tomaten häuten (siehe Seite 51) und ohne Stielansätze sehr klein würfeln. Den Lauch putzen, der Länge nach aufschneiden, gründlich waschen und in Streifen schneiden. Den Rucola verlesen, waschen, trocken schütteln und fein hacken. Den Edelpilzkäse klein würfeln.

2. Die Pinienkerne in einem Topf ohne Fett bei mittlerer Hitze unter Rühren goldgelb rösten und wieder herausnehmen. Das Öl in den Topf geben und den Lauch darin andünsten. Die Tomaten mit der Brühe dazugeben und offen bei mittlerer Hitze etwa 10 Minuten garen.

3. Den Käse mit dem Rucola untermischen und unter Rühren schmelzen. Die Sauce mit Salz und Pfeffer abschmecken und die Pinienkerne aufstreuen.

Die Sauce schmeckt zu kurzen Nudeln wie Penne oder Casarecce.

Die Variante

Scharfe Specksauce
700 g Tomaten häuten und sehr klein würfeln. 2–3 getrocknete Chilischoten fein zerstoßen. 4 Knoblauchzehen schälen und in dünne Scheiben schneiden. 100 g durchwachsene Speck- oder Pancettascheiben in Streifen schneiden und in 1 EL heißem Olivenöl glasig und leicht braun werden lassen. Chili und Knoblauch kurz mitbraten, die Tomaten dazugeben und mit Salz und 1 Msp. Honig oder Zucker abschmecken. Die Sauce offen bei mittlerer Hitze etwa 10 Minuten garen. Ab und zu umrühren. Die Blätter von 4 Stängeln Petersilie fein hacken und untermischen. Sauce abschmecken und mit kurzen Nudeln servieren.

TOMATENPFLANZEN
pflegen wie ein Profi

HAT MAN DEN RICHTIGEN STANDORT GEFUNDEN, SIND TOMATEN-PFLANZEN SEHR ROBUST UND ERTRAGREICH. EIN PAAR DINGE MACHEN DIE ERNTE ABER NOCH ÜPPIGER UND VOR ALLEM VERLÄSSLICHER.

SELBER ANSÄHEN

Nicht alle Spezialanbieter guter Tomaten haben Pflanzen im Angebot, manche verkaufen nur die Samen. Dann im zeitigen Frühjahr (Mitte/Ende März) hochwertige Erde besorgen, eventuell mit etwas Kompost und mit Gesteinsmehl mischen. Die Tomatensamen etwa ½ cm tief und nicht zu dicht nebeneinander in die Erde setzen. Das Pflanzgefäß an einen hellen, warmen Ort stellen und immer leicht feucht halten. Nachts können die Samen ruhig kälter stehen. Nach etwa 3 Wochen bekommt jedes kleine Pflänzchen seinen eigenen (noch kleinen Topf) und wird dort weiter gezogen.

NICHT ZU FRÜH NACH DRAUSSEN

Erst wenn kein Frost mehr zu erwarten ist, können die Pflanzen in den Topf oder die Erde nach draußen. In der Regel ist es Mitte bis Ende Mai so weit.

DAS SORGT FÜR HALT

Sobald die Pflanzen höher gewachsen sind, brauchen die relativ dünnen Triebe eine Unterstützung, damit sie nicht abknicken oder sogar -brechen. Stecken Sie also Stäbe neben der Pflanze in die Erde und binden Sie die Triebe fest. Nehmen Sie dafür einen ummantelten Bindedraht oder eine weiche Schnur, z.B. Bast, damit die zarten Tomatenstiele nicht verletzt werden.

FÜR KRAFT UND SONNE

Die Tomatenpflanze soll kräftig wachsen, und die Tomaten selber brauchen ausreichend Sonne, damit sie aromatisch reifen können. Nebentriebe werden daher entfernt. Sie wachsen in den Blattachseln und werden mit den Fingern abgeknipst. Man nennt das ausgeizen.

Wenn Sie mehrere Pflanzen haben, stellen Sie sie mit ausreichend Abstand zueinander auf, damit sie von allen Seiten genügend Licht bekommen.

Und: etwa Mitte August die Spitze des Haupttriebs abschneiden. Die Pflanze steckt die Kraft dann nicht mehr ins Bilden weiterer Blüten, sondern ins Reifen der vorhandenen Tomaten.

VIEL WASSER!

Ist es sehr heiß, können Sie die Pflanzen durchaus morgens und abends gießen. Ganz wichtig: Nicht auf die Blätter spritzen, sondern die Pflanze immer nur an der Erde gießen.

TOMATEN-RISOTTO
mit Pinienkernen

FAST CREMIG UND SCHÖN FEUCHT – SO SOLL EIN ECHTER RISOTTO SEIN, WENN WIR IHN GENIESSEN WOLLEN WIE DIE ITALIENER.

Zutaten für 4 Portionen

600 g Tomaten

1 rote Zwiebel

2 Knoblauchzehen

2 Zweige Rosmarin

60 g Butter

350 g Risottoreis

1 l heiße Gemüsebrühe

3 EL Pinienkerne

50 g getrocknete Tomaten (in Öl)

4 Stängel Basilikum (am besten das kleinblättrige)

3 EL frisch geriebener Parmesan

Salz, Pfeffer aus der Mühle

Zeitbedarf
• 35 Minuten

So geht's

1. Die Tomaten häuten (siehe Seite 51), von den Stielansätzen befreien und klein würfeln. Die Zwiebel und den Knoblauch schälen und sehr fein würfeln. Den Rosmarin waschen und trocken schütteln. Die Nadeln abzupfen und fein hacken.

2. 25 g Butter in einem Topf zerlassen. Zwiebel, Knoblauch und Rosmarin darin andünsten. Reis ungewaschen dazugeben [→ a] und unterrühren, bis die Körner von der Butter überzogen sind. 1 Schöpfer Brühe angießen. Den Reis offen unter häufigem Rühren [→ b] bei schwacher bis mittlerer Hitze etwa 10 Minuten kochen, dabei immer wieder Brühe angießen.

3. Die Tomaten untermischen und den Reis noch etwa 10 Minuten garen, bis er bissfest ist. Dabei weiterhin häufig rühren und den Rest der Brühe angießen.

4. Inzwischen in einer Pfanne 1 EL Butter zerlassen und die Pinienkerne darin anbraten. Die getrockneten Tomaten abtropfen und in Streifen schneiden. Das Basilikum waschen und trocken schütteln, die Blätter von den Stielen zupfen. Kleine Blätter ganz lassen, große kleiner zupfen.

5. Die übrige Butter in kleine Würfel schneiden und mit dem Parmesan und den Tomatenstreifen unter den Risotto rühren. Mit Salz und Pfeffer abschmecken und mit den Pinienkernen und dem Basilikum bestreut servieren.

Dazu noch mehr geriebenen Parmesan reichen.

SO SCHMECKT'S AUCH Statt oder zusätzlich zu den getrockneten Tomaten gekochten Schinken in Streifen oder Würfeln untermischen und nur erhitzen. Statt Pinienkernen gehackte Oliven aufstreuen.

DAS IST *wirklich* WICHTIG

[a] WASCHEN VERBOTEN Die Stärke, die an den Reiskörnern haftet, sorgt unter anderem dafür, dass der fertige Risotto schön sämig wird. Den Reis also niemals waschen, sondern immer trocken mit Zwiebel, Knoblauch und Rosmarin andünsten.

[b] FLEISSIG RÜHREN Ebenfalls für die perfekte Konsistenz ist wichtig, dass Sie immer dann wieder einen Schöpfer Flüssigkeit nachgießen, sobald der Reis sie fast aufgesogen hat. Und: so oft wie möglich rühren. Das macht ihn besonders schön cremig und sämig.

[b]

67

DAS IST *wirklich* WICHTIG

[a] DAS RICHTIGE BROT Damit es beim Backen durch die saftigen Tomaten nicht zu sehr durchweicht, sollte das Brot auf jeden Fall vom Vortag oder sogar zwei bis drei Tage alt sein. Falls Sie nur frisches bekommen: Legen Sie die Scheiben beim Vorheizen des Backofens auf den Rost und lassen Sie sie ein paar Minuten im Ofen trocknen.

TOMATEN-BROT-GRATIN
mit Frischkäse

SCHNELLE VEGETARISCHE KÜCHE, DIE MIT EINEM SALAT ALS KOMPLETTE MAHLZEIT, ABER AUCH ALS BEILAGE ZU KOTELETT UND SCHNITZEL SCHMECKT.

Zutaten für 4 Portionen

- 100 g altbackenes Weißbrot [→ a]
- ½ Bund Basilikum oder 1 Handvoll Rucola
- 4 Frühlingszwiebeln
- 2 Knoblauchzehen
- 2 EL grüne Oliven (ohne Stein)
- 600 g Tomaten
- Salz, Pfeffer aus der Mühle
- 200 g (Ziegen-)Frischkäse
- 4 EL Olivenöl

besonderes Werkzeug
- ofenfeste Form oder 4 kleine ofenfeste Förmchen

Zeitbedarf
- 40 Minuten

So geht's

1. Das Brot in dünne Scheiben schneiden. Die Kräuter waschen und trocken schütteln. Von den dicken Stielen befreien und fein schneiden. Die Frühlingszwiebeln waschen, putzen und mit dem saftigen Grün in feine Ringe schneiden. Den Knoblauch schälen und mit den Oliven fein hacken.

2. Den Backofen auf 200 °C (Umluft 180 °C) vorheizen. Die Kräuter mit den Zwiebelringen und der Knoblauchmischung verrühren. Die Tomaten waschen, von den Stielansätzen befreien und in dünne Scheiben schneiden.

3. Das Brot und die Tomaten abwechselnd dachziegelartig in eine große, flache ofenfeste Form oder vier Portionsförmchen schichten. Dabei immer etwas Kräutermischung zwischen die Lagen streuen und die Tomaten mit Salz und Pfeffer würzen.

4. Den Frischkäse in kleine Stücke teilen und darauf verteilen. Das Olivenöl darüberträufeln. Das Gratin im heißen Ofen (Mitte) etwa 20 Minuten backen.

Die Variante

Tomaten-Feta-Gratin
Statt Brot und Frischkäse 400 g Feta (Schafskäse) in dünne Scheiben schneiden und mit den Tomaten und der Kräutermischung in die Form schichten. Mit Olivenöl beträufeln und wie beschrieben backen.

SCHNELLE LASAGNE
mit Tomaten und Mozzarella

SCHNELLER GEHT'S KAUM: EINFACH ALLE ZUTATEN SCHNEIDEN,
IN DIE FORM SCHICHTEN UND IN DEN OFEN SCHIEBEN.

Zutaten für 4 Portionen

900 g feste Fleischtomaten

4 Frühlingszwiebeln

4 Knoblauchzehen

1 Bund Rucola

50 g Oliven (ohne Stein)

3 EL Olivenöl

1 EL Pesto

Salz, Pfeffer aus der Mühle

375 g Mozzarella

250 g Lasagneplatten
(ohne Vorkochen)

3 EL frisch geriebener Parmesan

besonderes Werkzeug
• ofenfeste Form

Zeitbedarf
• 25 Minuten +
  40 Minuten backen

So geht's

1. Die Tomaten waschen und die Stielansätze herausschneiden. Die Tomaten quer in dünne Scheiben schneiden. Den Backofen auf 180 °C (Umluft 160 °C) vorheizen.

2. Die Frühlingszwiebeln waschen, putzen und mit dem knackigen Grün in feine Ringe schneiden. Den Knoblauch schälen und fein hacken. Den Rucola verlesen, waschen und trocken schütteln [→ a]. Ebenfalls fein schneiden. Die Oliven fein schneiden. Zwiebeln, Knoblauch, Rucola und Oliven mit 1 EL Olivenöl und dem Pesto verrühren und mit Salz und Pfeffer abschmecken. Den Mozzarella abtropfen lassen und in kleine Würfel schneiden.

3. Eine ofenfeste Form mit einer Lage Nudelplatten auslegen. Tomaten, etwas Würzmischung und Käsewürfel darauf verteilen. Die Tomaten dabei mit Salz und Pfeffer würzen. Wieder Nudeln, Tomaten, Würze und Käse einschichten, bis alle Zutaten verbraucht sind. Die letzte Schicht muss Tomaten sein [→ b]. Den Parmesan aufstreuen und mit dem restlichen Olivenöl beträufeln.

4. Die Lasagne im Ofen (Mitte) etwa 40 Minuten backen, bis die Nudelplatten weich sind und die Oberfläche gebräunt ist. Die fertige Lasagne aus dem Ofen holen und etwa 10 Minuten stehen lassen [→ c].

DAS IST *wirklich* WICHTIG

[a] **RUCOLA VERLESEN** Alle welken Blätter aussortieren und vor allem die dicken Stiele abknipsen. Sie bleiben auch gegart hart und zäh.

[b] **PERFEKT EINSCHICHTEN** Als unterste Lage kommen Nudelplatten in die Form, sie saugen die Flüssigkeit auf, die sich vor allem am Boden der Form bildet. Die oberste Schicht muss aus Tomatenscheiben bestehen und wird mit Käse bestreut.

[c] **STEHEN LASSEN** Damit sich die Flüssigkeit nach dem Backen noch besser in der Lasagne verteilt, warten Sie etwa 10 Minuten, bevor Sie sie anschneiden.

PANIERTE FLEISCHTOMATEN
mit Grünen Bohnen

SOMMERLICHE SCHNITZELVARIANTE, DIE NICHT NUR VEGETARIERN SCHMECKT.
UNBEDINGT FESTE FLEISCHTOMATEN NEHMEN.

Zutaten für 4 Portionen

500 g Grüne Bohnen

Salz

1 Bund Basilikum

1 EL Zitronensaft

2 TL grüne oder schwarze
Olivenpaste (aus dem Glas,
ersatzweise Tomatenpesto)

ca. 10 EL Olivenöl

Pfeffer aus der Mühle

700 g feste Fleischtomaten

70 g Mehl

3 Eier (Größe M)

125 g Semmelbrösel

3 EL frisch geriebener Parmesan

Zeitbedarf
• 40 Minuten

So geht's

1. Die Bohnen waschen und von den Enden befreien. Reichlich Wasser zum Kochen bringen und salzen. Die Bohnen darin in etwa 10 Minuten bissfest kochen, in ein Sieb abgießen, kalt abschrecken und abtropfen lassen.

2. Das Basilikum waschen und trocken schütteln. Die Blättchen abzupfen und fein hacken. Mit dem Zitronensaft, der Olivenpaste und 2 EL Öl verrühren. Die Mischung unter die Bohnen rühren und mit Salz und Pfeffer abschmecken.

3. Die Tomaten waschen und die Stielansätze herausschneiden. Die Tomaten quer in 1 cm dicke Scheiben schneiden und auf beiden Seiten salzen und pfeffern. Das Mehl in einen Teller schütten, die Eier in einem zweiten Teller verquirlen. Semmelbrösel und Parmesan in einem dritten Teller mischen. Die Tomatenscheiben erst im Mehl, dann in den Eiern und zum Schluss in den Bröseln wenden [→ a].

4. Das restliche Öl in zwei großen Pfannen erhitzen [→ b]. Die Tomatenscheiben einlegen und bei starker Hitze etwa 3 Minuten braten. Umdrehen und noch einmal so lange braten. Die panierten Tomaten mit den Bohnen servieren.

DAS IST *wirklich* WICHTIG

[a] **PANADE NICHT ANDRÜCKEN** Die Tomatenscheiben im Mehl wenden, durch das Ei ziehen und zum Schluss in der Semmelbrösel-Käse-Mischung wenden. Die Panade aber nicht andrücken, sonst wird sie beim Braten nicht locker und luftig.

[b] **GENÜGEND ÖL NEHMEN** Damit die Panade locker und knusprig wird, brauchen Sie ausreichend Fett in der Pfanne, es soll etwa 1 cm hoch darin stehen. Übrigens: Wenn das Fett gut heiß ist, saugt die Panade nur wenig auf.

[b]

DAS FETT SOLL 1 CM HOCH IN DER PFANNE STEHEN.

[a]

73

MINISCHNITZEL
mit kurz gebratenen Tomaten

BLITZKÜCHE FÜR HEISSE TAGE – SCHMECKT ÜBRIGENS AUCH MIT DÜNNEN
SCHEIBEN VON HÄHNCHEN- ODER PUTENFLEISCH BZW. GEBRATENEM HALLOUMI.

Zutaten für 4 Portionen

4 dünne Kalbs- oder Schweine-
schnitzel bzw. Rinderlende

Salz, Pfeffer aus der Mühle

500 g Kirschtomaten

1 Zweig Rosmarin

1 Handvoll Rucola

2 Knoblauchzehen

2 EL Butter

2 EL Olivenöl

1 Prise Zucker

Zeitbedarf
• 20 Minuten

So geht's

1. Die Schnitzel einmal durchschneiden und noch etwas flacher
klopfen [→ a]. Auf beiden Seiten leicht salzen und pfeffern.

2. Die Tomaten waschen und halbieren. Den Rosmarin waschen und
trocken schütteln. Die Nadeln abzupfen und fein hacken. Den
Rucola verlesen, waschen, trocken schütteln und grob hacken.
Den Knoblauch schälen und in dünne Scheiben schneiden.

3. In einer oder in zwei Pfannen die Butter und das Öl erhitzen. Die
Schnitzel darin bei starker Hitze auf jeder Seite 1 Minute braten,
aus der Pfanne nehmen und warm halten.

4. Die Tomaten mit dem Rosmarin und dem Knoblauch in die Pfanne
geben und 2–3 Minuten braten. Ab und zu durchrühren. Rucola
untermischen, die Tomaten mit Salz, Pfeffer und dem Zucker abschmecken und zu den Schnitzeln servieren.

[b]

DAS IST *wirklich* WICHTIG

[a] **FLEISCH KLOPFEN** Damit sie noch zarter und gleichmäßig dünn werden, klopfen Sie die Fleischscheiben leicht. Mit einem Stück Frischhaltefolie belegen und mit dem Plattiereisen oder einem Topf leicht darauf schlagen. Nicht zu kräftig schlagen, damit die Fasern ihre Struktur nicht ganz verlieren.

FISCH UND TOMATEN

aus der Folie

VITAMINSCHONEND UND VOLLER AROMA GAREN FISCH UND
TOMATEN IN DER SCHÜTZENDEN HÜLLE.

Zutaten für 4 Portionen

4 Fischfilets ohne Haut
(à ca. 200 g; z. B. Saibling,
Forelle oder Lachsforelle)

1 Bio-Zitrone

1 EL Honigsenf

Salz, Pfeffer aus der Mühle

1 Bund Frühlingszwiebeln

4 Knoblauchzehen

500 g Kirschtomaten

2 EL Olivenöl

2 TL Honig

Zeitbedarf
• 30 Minuten

So geht's

1. Vier Stücke Alufolie mit der glänzenden Seite nach oben auf der
   Arbeitsfläche ausbreiten.

2. Die Fischfilets kalt abspülen und trocken tupfen. Eventuell vorhandene Gräten herauszupfen (siehe Seite 117). Die Zitrone heiß
   waschen und abtrocknen, die Schale fein abreiben. Eine Hälfte
   auspressen. Den Saft und die Schale mit dem Honigsenf verrühren. Die Fischfilets auf beiden Seiten damit einstreichen und
   mit Salz und Pfeffer würzen. Jeweils 1 Filet auf ein Stück Alufolie
   legen. Den Backofen auf 220 °C (Umluft 200 °C) vorheizen.

3. Die Frühlingszwiebeln waschen, putzen und mit dem knackigen
   Grün in feine Ringe schneiden. Den Knoblauch schälen und in
   dünne Scheiben schneiden. Die Tomaten waschen und halbieren.

4. Die Tomaten mit den Zwiebelringen, dem Knoblauch, dem Öl und
   dem Honig verrühren und mit Salz und Pfeffer würzen. Auf den
   Fischfilets verteilen. Die Folie zusammenfalten und verschließen.
   Die Päckchen auf den Rost legen, in den Ofen (Mitte) schieben
   und den Fisch etwa 20 Minuten garen.

Als Beilage schmecken frisches Baguette oder Kartoffeln und eventuell blanchierter Blattspinat.

HÄHNCHENSCHNITZEL
mit Tomatenhaube

SAFTIG-LEICHTES HÄHNCHENFLEISCH MIT EINER KNUSPRIGEN
HAUBE – SCHNELL VORBEREITET UND GANZ EINFACH ZU MACHEN.

Zutaten für 4 Portionen

4 Hähnchenbrustfilets ohne Haut
(à ca. 170 g)

Salz, Pfeffer aus der Mühle

400 g Tomaten

¼ Bund Thymian

1 rote Zwiebel

4 Knoblauchzehen

125 g Mozzarella

100 g frisch geriebener Pecorino

2 EL Kapern (nach Belieben)

1 EL Butter

2 EL Olivenöl

besonderes Werkzeug
• ofenfeste Form

Zeitbedarf
• 25 Minuten +
  20 Minuten backen

So geht's

1. Die Hähnchenbrustfilets kalt abspülen und trocken tupfen. Auf beiden Seiten mit Salz und Pfeffer würzen. Die Tomaten waschen und in kleine Würfel schneiden, die Stielansätze entfernen. Den Thymian waschen und trocken schütteln, die Blättchen von den Stielen streifen. Die Zwiebel und den Knoblauch schälen, die Zwiebel vierteln und in Streifen schneiden, den Knoblauch fein hacken.

2. Den Backofen auf 180 °C (Umluft 160 °C) vorheizen. Den Mozzarella abtropfen lassen und in kleine Würfel schneiden. Mit den Tomaten, dem Thymian, der Zwiebel, dem Knoblauch, dem Pecorino und nach Belieben den Kapern mischen und mit Salz und Pfeffer abschmecken.

3. In einer Pfanne die Butter und 1 EL Öl erhitzen. Die Hähnchenbrustfilets darin bei starker Hitze pro Seite etwa 1 Minute braten. Dann nebeneinander in eine ofenfeste Form legen. Die Tomatenmischung darauf verteilen. Mit dem restlichen Öl beträufeln und im Ofen (Mitte) etwa 20 Minuten backen, bis die Mischung leicht gebräunt ist.

TOMATEN-PILZ-GEMÜSE
aus dem Wok

BEI STARKER HITZE IM WOK GEWIRBELT – DABEI BLEIBT DAS AROMA
DER TOMATEN BESONDERS GUT ERHALTEN.

Zutaten für 4 Portionen

400 g kleine Champignons oder Egerlinge

400 g Kirschtomaten

200 g Hähnchenbrustfilet (oder Tofu für Vegetarier)

1 Stange Lauch

1 Stück Ingwer (etwa 3 cm)

4 Knoblauchzehen

2 rote Chilischoten

100 ml Gemüse- oder Hühnerbrühe

2 EL Limetten- oder Zitronensaft

1 TL Speisestärke

2 EL neutrales Öl

2 TL Honig

Salz

1–2 EL kleine Basilikumblättchen

besonderes Werkzeug
· Wok

Zeitbedarf
· 30 Minuten

So geht's

1. Die Pilze putzen [→ a] und je nach Größe halbieren oder vierteln. Die Tomaten waschen und ganz lassen. Das Hähnchenfleisch kalt abspülen, trocken tupfen und in Streifen schneiden. Vom Lauch das Wurzelbüschel und die welken Teile abschneiden. Die Lauchstange der Länge nach aufschneiden und gründlich waschen. Die Schichten dabei auseinanderbiegen [→ b].

2. Den Ingwer und den Knoblauch schälen und fein hacken. Die Chilischoten waschen und den Stiel abschneiden. Die Schoten mit den Kernen in Ringe schneiden. Die Brühe mit dem Limettensaft und der Speisestärke mit einem kleinen Schneebesen verquirlen.

3. Den Wok erhitzen [→ c] und das Öl hineingießen. Die Hühnerstreifen darin bei starker Hitze unter Rühren etwa 2 Minuten braten, bis sie gleichmäßig hell sind. Herausnehmen. Die Pilze mit dem Ingwer, dem Knoblauch, dem Lauch und den Chiliringen im Wok unter weiterem Rühren 2–3 Minuten braten, bis sie leicht braun sind.

4. Die Tomaten zugeben und kurz braten. Die Sauce angießen, das Hähnchenfleisch wieder untermischen und alles einmal kräftig aufkochen. Mit dem Honig und Salz abschmecken. Vor dem Servieren die Basilikumblättchen aufstreuen.

Dazu schmeckt Jasminreis.

DAS IST *wirklich* WICHTIG

[a] PILZE PUTZEN Pilze besser nicht waschen, sie saugen sich schnell mit Flüssigkeit voll. Erdreste und anderen Schmutz mit der Pilzbürste ablösen oder mit einem Stück feuchtem Küchenpapier abwischen. Dann nur die Stielenden der Pilze abschneiden.

[b] LAUCH VORBEREITEN Das Wurzelende und die welken grünen Teile vom Lauch abschneiden. Den Lauch der Länge nach aufschneiden und unter dem fließenden Wasserstrahl waschen. Die Blätter dabei aufbiegen und auch die Erde dazwischen wegspülen.

[c] IM WOK BRATEN Der Wok wird immer erst erhitzt, bevor das Öl hineinkommt. Braten Sie die Zutaten nach und nach und rühren Sie immer gut um dabei. So garen sie gleichmäßig und können bei der starken Hitze nicht anbrennen.

TOMATEN-NUDEL-AUFLAUF
mit knuspriger Bröselkruste

SAFTIG IM INNEREN UND KNUSPRIG AN DER OBERFLÄCHE –
SO SCHMECKEN BACKOFENGERICHTE BESONDERS GUT.

Zutaten für 4 Portionen

300 g Penne oder Fusilli, Salz

500 g Tomaten

200 g junge Zucchini

½ Bund Petersilie

4 Zweige Thymian

50 g grüne oder schwarze Oliven (ohne Stein)

50 g roh geräucherter oder gekochter Schinken

Pfeffer aus der Mühle

1 Prise Chilipulver (nach Belieben)

3 Eier (Größe M)

150 g Sahne

100 g frisch geriebener Parmesan oder Pecorino

50 g Semmelbrösel

2 EL Butter

besonderes Werkzeug
• ofenfeste Form

Zeitbedarf
• 30 Minuten +
  35 Minuten backen

So geht's

1. Die Nudeln nach Packungsangabe in kochendem Salzwasser al dente kochen, gründlich kalt abschrecken [→ a] und abtropfen.

2. Die Tomaten waschen oder häuten und ohne Stielansätze in kleine Würfel schneiden. Die Zucchini waschen, putzen und grob raspeln. Die Kräuter waschen und trocken schütteln. Von den Stielen zupfen, die Petersilie fein hacken. Die Oliven grob hacken. Den Schinken vom Fettrand befreien und in Streifen schneiden.

3. Den Backofen auf 200 °C (Umluft 180 °C) vorheizen. Die Nudeln mit den Tomaten, den Zucchini, den Kräutern, den Oliven und dem Schinken mischen und mit Salz, Pfeffer und eventuell Chilipulver abschmecken. In eine ofenfeste Form füllen. Die Eier mit der Sahne und dem Käse verrühren, leicht salzen und pfeffern und über der Nudelmischung verteilen.

4. Die Semmelbrösel gleichmäßig aufstreuen. Die Butter in kleine Würfel schneiden und darauflegen. Den Auflauf im Ofen (Mitte) etwa 35 Minuten backen, bis er schön gebräunt ist. Kurz stehen lassen, dann servieren.

Dazu schmeckt ein gemischter Salat.

SO SCHMECKT'S AUCH Statt mit Nudeln können Sie diesen Auflauf auch gut mit gegartem Reis oder Bulgur zubereiten.

[a]

DAS IST *wirklich* WICHTIG

[a] NUDELN GUT ABSPÜLEN Weil die Zutaten zwar zusammenhalten, aber nicht klebrig sein sollen, werden die Nudeln nach dem Kochen gut abgespült. Also in ein Sieb schütten und so lange mit kaltem Wasser überbrausen, bis alle Nudeln locker im Sieb liegen.

TOMATEN-PIZZA
mit Paprika und Zwiebeln

MIT ZWEIERLEI TOMATEN – EINMAL ZU PÜREE VERARBEITET UND EINMAL
IN SCHEIBEN ALS BELAG – SCHMECKT DIE PIZZA BESONDERS GUT.

Zutaten für 4 – 6 Portionen

Für den Teig

ca. 12 g frische Hefe

400 g Mehl + Mehl für die
Arbeitsfläche

Salz

1 EL Olivenöl

Für den Belag

800 g Tomaten

4 EL Olivenöl

1 TL getr. Thymian

Salz, Pfeffer aus der Mühle

je 1 rote und grüne Paprikaschote

1 milde weiße Zwiebel

250 g Mozzarella

Zeitbedarf
• 40 Minuten +
  1 Stunde ruhen +
  2 x 17 Minuten backen

So geht's

1. Die Hefe zerkrümeln und in 180 ml lauwarmem Wasser gut verrühren [→ a]. Mit dem Mehl, 1 TL Salz und dem Öl zu einem glatten
Teig verkneten [→ b], zu einer Kugel formen, locker in ein Küchentuch packen und etwa 1 Stunde gehen lassen, bis sich sein Volu-
men verdoppelt hat.

2. Für den Belag die Tomaten waschen. Die Hälfte der Tomaten
würfeln, die Stielansätze dabei herausschneiden. Die Tomatenwürfel mit 2 EL Öl, Thymian, Salz und Pfeffer pürieren. Die übrigen Tomaten quer zu den Samenkammern in dünne Scheiben
schneiden. Die Paprikaschoten waschen und halbieren. Stiele und
Trennhäute mit den Kernen entfernen, die Paprika in Streifen
schneiden. Die Zwiebel schälen, halbieren und ebenfalls in Streifen
teilen. Den Mozzarella abtropfen lassen und in kleine Würfel
schneiden.

3. Den Backofen auf 250 °C (Umluft 230 °C) vorheizen. Das Backblech mit Backpapier auslegen. Den Teig noch einmal durchkneten, halbieren und jede Hälfte zu einem ovalen Fladen ausrollen [→ c], die Ränder etwas dicker formen. Einen Fladen auf
das Backblech legen.

4. Die Hälfte der pürierten Tomaten auf dem Teig verstreichen.
Jeweils die Hälfte der Tomatenscheiben, Paprika- und Zwiebelstreifen darauf verteilen und mit etwas Öl beträufeln, salzen und
pfeffern. Die Pizza etwa 12 Minuten im Ofen (Mitte) backen.

5. Die Pizza aus dem Ofen nehmen, mit dem Mozzarella bestreuen,
mit dem übrigen Öl beträufeln und noch etwa 5 Minuten backen,
bis der Käse zerläuft. Die zweite Pizza ebenso belegen und backen.
Heiß in Stücke schneiden und servieren.

KNETEN, BIS SICH DER TEIG WEICH ANFÜHLT.

[b]

DAS IST *wirklich* WICHTIG

[a] WASSERMENGE Je nach Mehl-qualität brauchen Sie etwas mehr oder weniger Wasser für den Teig. Geben Sie zunächst 180 ml zu. Beim Kneten eventuell noch etwas mehr einarbeiten.

[b] TEIG KNETEN Das Mehl mit dem Hefewasser, Salz und Öl verkneten, bis sich der Teig vom Schüsselrand löst. Dann auf der bemehlten Arbeits-fläche weiterarbeiten. Teig immer wieder zusammenklappen und mit dem Handballen flach drücken. Teigstück etwas drehen und weiter-arbeiten, bis Sie hören, wie im Teig kleine Luftbläschen platzen oder sich der Teig weicher und volumi-nöser anfühlt.

[c] TEIG AUSROLLEN Den Teig nach dem Gehen noch einmal durchkneten und halbieren. Rollen Sie eine Hälfte auf wenig Mehl zu einem ovalen Fla-den aus. Dann auf das Blech legen und mit den Fingern den Rand etwas dicker formen.

FEIN UND FESTLICH
Edles mit Tomaten

FEINSCHMECKERGERICHTE FÜR BESONDERE GELEGENHEITEN – VOM ZARTEN FLAN ÜBER DAS BEEINDRUCKENDE OKTOPUS-CARPACCIO MIT TOMATEN-TATAR UND DEM GANZEN FISCH AUF TOMATEN BIS ZUM ERFRISCHENDEN TOMATEN-SORBET.

DAS IST *wirklich* WICHTIG

[a] TOMATENSAFT SIEBEN Damit die Kerne den Genuss nicht stören, lassen Sie den Tomatensaft nach dem Zerkleinern am besten durch ein nicht zu feines Sieb laufen.

[b] GLASRAND VERZIEREN Sieht hübsch aus und bringt Aroma: Die Schale von der Limette abreiben und mit dem mittelgroben Salz mischen. Den Glasrand in kaltes Wasser tauchen, dann etwa ½ cm tief in das Limettensalz tauchen. Es haftet am feuchten Glas.

TOMATEN-DRINK
Bloody Mary

SIEHT ZIEMLICH BLUTIG AUS UND IST EIN ERFRISCHENDER APERITIF. DEN DRINK FÜR ALLE, DIE KEINEN ALKOHOL MÖGEN, OHNE WODKA MIXEN – HEISST DANN VIRGIN MARY.

Zutaten für 4 Portionen

1 Bio-Limette

50 g mittelgrobes Salz (z. B. Maldon sea salt)

700 g sehr reife Tomaten

½ rote Chilischote

10 Eiswürfel

100 ml gut gekühlter Wodka

½ TL Worcestershiresauce

Salz

besonderes Werkzeug
• Mixer oder Küchenmaschine

Zeitbedarf
• 15 Minuten

So geht's

1. Die Limette heiß waschen und abtrocknen, die Schale fein abreiben. Das Salz im Mörser mit der Limettenschale noch etwas mehr zerdrücken und dabei beides gut mischen. In eine kleine Schüssel füllen.

2. Die Tomaten waschen und in grobe Stücke schneiden, die Stielansätze dabei entfernen. Die halbe Chilischote waschen, falls vorhanden den Stiel entfernen. Die Tomaten und das Chilistück im Mixer oder in der Küchenmaschine fein zerkleinern, anschließend durch ein Sieb laufen lassen [→ a].

3. Den Tomatensaft mit den Eiswürfeln nochmals kurz mixen, bis sie mittelfein zerkleinert sind. Mit dem Wodka mischen, mit Worcestershiresauce und Salz abschmecken.

4. Die Glasränder mit dem Limettensalz garnieren [→ b], den Drink vorsichtig eingießen und gleich servieren.

Die Variante

Sangrita
Saft aus 500 g Tomaten zubereiten, mit ⅛ l Orangensaft, 10 Eiswürfeln und etwas Limettensaft im Mixer zerkleinern. Mit Tabasco, Worcestershiresauce und Salz abschmecken und in Gläser füllen.

TOMATEN-PFIRSICH-SALAT
mit Lavendel und Ziegenkäse

EINE KÖSTLICHE KOMBINATION AUS DER PROVENCE, DIE ALS FESTLICHE
VORSPEISE EBENSO GUT SCHMECKT WIE ALS KLEINES SOMMERLICHES ESSEN.

Zutaten für 4 Portionen

500 g reife feste Tomaten

3 Pfirsiche

2 Frühlingszwiebeln mit knackigem Grün

8 Stängel Basilikum (am besten das kleinblättrige)

4 Zweige Thymian

2 Stängel Lavendel mit Blüten

1 EL Weißweinessig

1 TL Lavendelhonig

Salz, Pfeffer aus der Mühle

4 EL + 2 TL Olivenöl

4 kleine runde Ziegen(frisch)käse

besonderes Werkzeug
• ofenfeste Form

Zeitbedarf
• 25 Minuten

So geht's

1. Die Tomaten waschen, vierteln, von den Stielansätzen befreien und in dünne Spalten schneiden. Die Pfirsiche häuten [→ a], vierteln, vom Stein befreien und ebenfalls in Spalten schneiden. Die Frühlingszwiebeln waschen, putzen [→ b] und mit dem Grün in feine Ringe schneiden.

2. Die Kräuter waschen und trocken schütteln. Basilikumblättchen abzupfen, Thymian und Lavendelblüten von den Stielen streifen. Ein paar Lavendelblätter klein schneiden.

3. Den Essig mit dem Honig, Salz, Pfeffer, Thymian und Lavendel verrühren, die 4 EL Öl cremig unterschlagen.

4. Den Backofengrill anheizen oder den Backofen auf höchste Stufe vorheizen. Die Ziegenkäse nebeneinander in eine ofenfeste Form setzen und mit dem übrigen Öl einpinseln.

5. Die Tomaten und die Pfirsiche auf vier Tellern anrichten, mit den Zwiebelringen und dem Basilikum bestreuen. Die Sauce darüber träufeln.

6. Die Käse in den Ofen (mit etwa 10 cm Abstand von den Grillschlangen) schieben und 4 – 5 Minuten grillen, bis sie leicht braun werden. Auf dem Salat anrichten.

[a]

DAS IST *wirklich* WICHTIG

[a] PFIRSICHE HÄUTEN Von ganz reifen Pfirsichen lässt sich die Haut meist leicht abziehen. Einfach einschneiden, mit der Messerspitze vom Fleisch lösen und abziehen. Sitzt die Haut fest am Pfirsichfleisch, die Früchte wie Tomaten mit kochendem Wasser überbrühen, kurz ziehen lassen, kalt abschrecken und dann häuten.

[b] FRÜHLINGSZWIEBELN PUTZEN Schneiden Sie von den Zwiebeln nach dem Waschen die Wurzeln ab und am oberen Ende nur die welken grünen Teile. Das knackige Grün wird mitverwendet, es hat besonders viel Aroma und gesunde Inhaltsstoffe.

PIKANTER TOMATENSALAT
mit Avocado und Garnelen

FRUCHTIG FRISCH UND AUFREGEND WÜRZIG DURCH LIMETTENSAFT, KORIANDER UND CHILIS IST DIESER ATTRAKTIVE MEXIKANISCHE SALAT.

Zutaten für 4 Portionen

500 g Tomaten

2 Frühlingszwiebeln

½ Bund Koriandergrün

2 rote Chilischoten

2 Bio-Limetten

6 EL Olivenöl

Salz

½ TL Honig

2 Avocados

400 g rohe Garnelen in der Schale

Pfeffer aus der Mühle

Zeitbedarf
• 25 Minuten

So geht's

1. Die Tomaten waschen und ohne Stielansätze klein würfeln. Die Frühlingszwiebeln waschen, putzen und mit dem knackigen Grün in feine Ringe schneiden. Den Koriander abbrausen und trocken schütteln. Die Blättchen abzupfen und fein hacken. Die Chilischoten waschen und den Stiel abschneiden. Die Schoten mit den Kernen fein hacken.

2. Die Limetten auspressen und den Saft mit 4 EL Öl mit einer Gabel cremig schlagen. Die Chili untermischen und die Sauce mit Salz und Honig abschmecken.

3. Die Avocados bis zum Kern einschneiden und die Hälften auseinanderlösen, vom Kern befreien, schälen [→ a] und der Länge nach in schmale Spalten schneiden. Vier Teller damit auslegen und mit einem Teil der Sauce beträufeln. Die Tomaten, die Frühlingszwiebeln, den Koriander und die Chiliwürfel mit der restlichen Sauce mischen und abschmecken. Auf den Avocadospalten verteilen.

4. Die Garnelen schälen [→ b], dabei nach Belieben den Schwanzfächer dranlassen. Falls vorhanden, den Darm entfernen. Die Garnelen der Länge nach einmal durchschneiden. Das restliche Öl erhitzen. Die Garnelen darin unter Rühren bei mittlerer Hitze etwa 1 Minute braten, bis sie sich rötlich färben. Mit Salz und Pfeffer würzen und auf dem Salat verteilen. Gleich servieren.

[a]

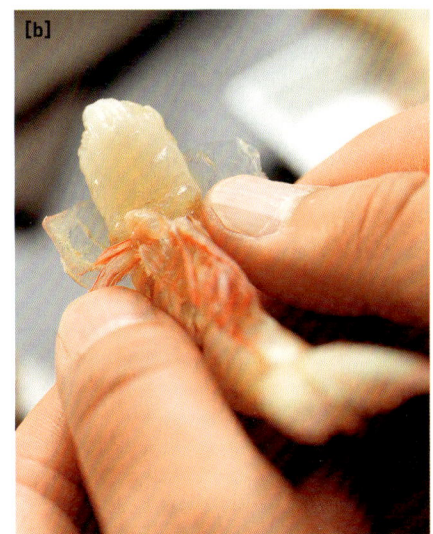

[b]

DAS IST *wirklich* WICHTIG

[a] AVOCADOS VORBEREITEN Die
Avocados der Länge nach rundherum bis zum Kern einschneiden.
Dann die beiden Hälften gegenein-
ander drehen und so voneinander
lösen. Den Kern mit der Messerspitze
herauslösen. Die Haut abziehen.

[b] GARNELEN VORBEREITEN
Brechen Sie die Schale der Garnelen
Stück für Stück ab. Die meisten
Garnelen werden heute ohne Darm
verkauft. Ist allerdings unter dem
Fleisch ein dünner schwarzer Faden
zu sehen, muss er entfernt werden.
Schneiden Sie das Garnelenfleisch
direkt darüber leicht ein und lösen
Sie den Darm heraus.

OKTOPUS-CARPACCIO
mit Tomaten-Tatar

EINE FESTLICHE VORSPEISE, DIE EINDRUCK MACHT UND GAR NICHT SO
KOMPLIZIERT IST, WIE ES VIELLEICHT KLINGT. BEDINGUNG: GENÜGEND RUHEZEIT.

Zutaten für 4 Portionen

Für den Oktopus

1 kleiner Oktopus (etwa 700 g)

1 Bio-Zitrone

⅛ l trockener weißer Wermut
(z. B. Noilly Prat)

¼ l trockener Weißwein

1 TL Pfefferkörner

2 Lorbeerblätter, Salz

Für das Tatar

300 g Tomaten

1 EL schwarze Oliven (ohne Stein)

2 Stängel Basilikum

1 EL Zitronensaft

Salz, Pfeffer aus der Mühle

4 EL Olivenöl

besonderes Werkzeug

- Küchengarn
- Kasten- oder Terrinenform

Zeitbedarf

- 50 Minuten +
  1 Stunde garen +
  12 Stunden ruhen

So geht's

1. Den Oktopus kalt abspülen. Die Zitrone waschen und in Scheiben schneiden. Mit dem Oktopus, dem Wermut und dem Wein, den Pfefferkörnern und dem Lorbeer in einen Topf geben und so viel Wasser angießen, dass der Oktopus gerade davon bedeckt ist. Die Flüssigkeit salzen und zum Kochen bringen. Den Oktopus darin offen bei mittlerer Hitze in etwa 1 Stunde gut weich kochen. Mit dem Messer prüfen, ob er gar ist, er muss sich leicht wie Butter einstechen lassen.

2. Den Oktopus kurz kalt abspülen und abtropfen lassen. Die violette Haut nicht abschrubben, sie macht das Carpaccio farblich besonders attraktiv. Die Fangarme vom Oktopus abschneiden. Den Körper in 2–3 cm breite Stücke schneiden [→ a].

3. Ein großes Stück Alufolie und ein Stück Frischhaltefolie auf der Arbeitsfläche auslegen. Die Oktopusarme und das Fleisch darauf zu einem länglichen Stück auslegen [→ b]. Zuerst fest in die Frischhaltefolie wickeln und diese einstechen. Dann in die Alufolie einwickeln und die Enden mit Küchengarn zubinden. Die Rolle in eine Kastenform legen, beschweren und etwa 12 Stunden in den Kühlschrank stellen [→ c].

4. Für das Tatar die Tomaten häuten, entkernen (siehe Seite 51 und 36) und ohne Stielansätze klein würfeln. Die Oliven hacken. Das Basilikum waschen, trocken schütteln und die Blättchen ebenfalls hacken. Den Zitronensaft mit Salz und Pfeffer verrühren, das Öl mit einer Gabel unterschlagen. Tomaten, Oliven und Basilikum untermischen, salzen und pfeffern.

5. Den Oktopus auspacken und mit einem sehr scharfen Messer mit dünner Klinge in möglichst dünne Scheiben schneiden. Auf Tellern auslegen und mit Tomaten-Tatar garnieren.

Dazu gibt es Zitronenschnitze und Olivenöl zum Beträufeln.

DAS IST *wirklich* WICHTIG

[a] OKTOPUS SCHNEIDEN Die Fang-arme vom Körper abschneiden. Von diesem können Sie ebenfalls den größten Teil verwenden. Schneiden Sie das Fleisch in mundgerechten Stücken ab und lassen Sie nur die Mitte mit den Kauwerkzeugen übrig.

[b] OKTOPUS IN FORM BRINGEN Legen Sie ein Stück Frischhaltefolie auf der Arbeitsfläche aus. Die Okto-pusarme darauf zu einer länglichen „Wurst" auslegen, das übrige Fleisch in den Zwischenräumen verteilen. Wickeln Sie den Oktopus jetzt sehr fest in die Folie ein und drehen Sie die Enden wie Bonbonpapier zu.

[c] OKTOPUS PRESSEN Überall dort, wo sich unter der Folie Luftblasen bilden, stechen Sie die Folie ein. Dann das Ganze in Alufolie wickeln. Den Oktopus in eine Kasten- oder Terrinenform bzw. in ein hohes Glas geben und mit Steinen oder mit Wasser gefüllten Gläsern mit Schraubverschluss beschweren.

[a]

[b]

DAS IST *wirklich* WICHTIG

[a] TOMATEN ABTROPFEN LASSEN
Damit das Tomatenmus nicht zu flüssig wird, müssen Sie die Tomaten vor dem Kochen etwa 5 Minuten in einem weitmaschigen Sieb abtropfen lassen. Dann erst kochen.

[b] GARPROBE MACHEN Die Flan-Masse muss durch und durch gestockt sein. Überprüfen Sie das am besten mit dem Finger. Leicht daraufdrücken. Die Masse gibt nach, fühlt sich aber elastisch fest an.

[c] FLAN STÜRZEN Lassen Sie den Flan nach dem Garen etwa 5 Minuten ruhen. Dann mit einem dünnen Messer vom Förmchenrand lösen, einen Teller umgedreht darauflegen und beides zusammen mit Schwung umdrehen. Leicht schütteln, bis der Flan auf den Teller rutscht.

TOMATEN-FLAN
mit Basilikumsauce

EINE CREMIG-ZARTE VORSPEISE, DIE WARM EBENSO GUT SCHMECKT
WIE ABGEKÜHLT. AUCH AUF DEM PARTYBUFFET FEIN.

Zutaten für 4 Portionen

600 g Tomaten

Salz, Pfeffer aus der Mühle

1 Prise Zucker

100 g Pinienkerne

Öl für die Förmchen

125 g Crème fraîche oder Ricotta

2 Eier (Größe M)

50 g frisch geriebener Parmesan oder Pecorino

1 großes Bund Basilikum

1 EL Kapern

1 Sardellenfilet (in Öl; nach Belieben)

4 EL Olivenöl

besonderes Werkzeug
• Pürierstab
• 4 ofenfeste Förmchen (à ca. 200 ml)

Zeitbedarf
• 50 Minuten + 1 Stunde garen

So geht's

1. Die Tomaten häuten (siehe Seite 51) und ohne Stielansätze würfeln. In einem Sieb etwa 5 Minuten abtropfen lassen [→ a]. Die Tomaten mit Salz, Pfeffer und Zucker in einem Topf bei mittlerer Hitze offen etwa 15 Minuten musig kochen, dann mit dem Pürierstab durchmixen und abkühlen lassen.

2. Inzwischen die Pinienkerne in einer Pfanne ohne Fett bei mittlerer Hitze unter Rühren goldgelb anrösten. Leicht abkühlen lassen und fein reiben. Den Backofen auf 140 °C (Umluft 120 °C) vorheizen. Die Förmchen leicht mit Öl einpinseln.

3. Die Crème fraîche oder den Ricotta mit Eiern und Käse verrühren. Das Tomatenpüree und die Pinienkerne untermischen und alles mit Salz und Pfeffer abschmecken. Die Mischung in den vier Förmchen verteilen. Die Förmchen in die Fettpfanne oder in eine Bratreine stellen. So viel kochend heißes Wasser angießen, dass die Förmchen halbhoch darin stehen.

4. Die Flans im Wasserbad im Ofen (unten) etwa 1 Stunde garen, bis die Masse fest ist [→ b]. Inzwischen das Basilikum waschen und trocken schütteln. Die Blättchen abzupfen und grob hacken. Mit den Kapern und nach Belieben dem Sardellenfilet sowie dem übrigen Öl fein pürieren. Mit Salz und Pfeffer abschmecken.

5. Die Flans etwa 5 Minuten stehen lassen und dann aus den Förmchen stürzen [→ c]. Etwas Basilikumsauce darüber verteilen und die Tomaten-Flans servieren.

Die Variante

Tomaten-Mousse mit Basilikum
Das Tomatenmus wie beschrieben aus 500 g Tomaten kochen, mit Salz, Pfeffer und Chilipulver abschmecken und durch ein Sieb passieren. 3 Blatt Gelatine 10 Minuten in kaltem Wasser einweichen. Dann einzeln abtropfen lassen und im heißen, aber nicht kochenden Tomatenmus auflösen. Abkühlen lassen. 150 g Sahne sehr steif schlagen. Mit den gehackten Blättchen von 1 kleinen Bund Basilikum unter das Tomatenmus heben. Die Mousse etwa 4 Stunden in den Kühlschrank stellen und fest werden lassen.

DAS IST
wirklich WICHTIG

[a] GELATINE AUFLÖSEN Die farblosen Gelatineblätter etwa 10 Minuten in kaltes Wasser legen, bis sie weich und geschmeidig sind. Dann nacheinander ausdrücken und im heißen Tomatenfond auflösen. Kochen darf er nicht, sonst verliert die Gelatine ihre Bindekraft.

[b] ZUTATEN EINSCHICHTEN Damit sich die Sülze später leichter aus der Form lösen lässt, die Form einölen, mit Frischhaltefolie auskleiden und diese ebenfalls einölen. Tomaten, Paprika und Basilikum einschichten. Gießen Sie den warmen Fond zum Schluss so vorsichtig über die Zutaten, dass sie nicht verrutschen.

[b]

TOMATEN-PAPRIKA-SÜLZE
mit Aprikosen-Salsa

EINE ERFRISCHENDE VORSPEISE MIT FRUCHTIGER SAUCE, DIE SICH
GUT VORBEREITEN LÄSST UND GARANTIERT EINDRUCK MACHT!

Zutaten für 4 Portionen

Für die Sülze

800 g reife feste Tomaten

2 Knoblauchzehen, 1 Zwiebel

1 Bund Basilikum

2 Lorbeerblätter

1 große gelbe Paprikaschote

6 Blätter Gelatine

1 EL Balsamico bianco

Salz, Pfeffer aus der Mühle

Öl für die Form

Für die Aprikosen-Salsa

4 getrocknete Aprikosen

2 EL Zitronensaft, 1 TL Senf

1 Msp. Honig, 250 g Aprikosen

Salz, Pfeffer aus der Mühle

4 EL Olivenöl

besonderes Werkzeug
• Terrinen- oder Kastenform (ca. 1 l)

Zeitbedarf
• 1 Stunde 15 Minuten +
  6 Stunden kühlen +
  1 Stunde quellen

So geht's

1. 500 g Tomaten waschen und ohne Stielansätze würfeln. Knoblauch und Zwiebel schälen und grob schneiden. Das Basilikum waschen und trocken schütteln. 1 EL Blättchen in Streifen schneiden.

2. Die übrigen Blätter und die Stängel mit den gewürfelten Tomaten, Knoblauch, Zwiebel und Lorbeerblättern in einem Topf mit 350 ml Wasser zum Kochen bringen. Zugedeckt bei schwacher Hitze etwa 30 Minuten köcheln lassen.

3. Inzwischen den Backofen auf 250 °C (Umluft 230 °C) vorheizen. Die Paprika waschen, halbieren und putzen. Mit den Schnittflächen nach unten auf ein mit Backpapier belegtes Blech legen und im Ofen (Mitte) in etwa 15 Minuten dunkelbraun backen.

4. Die Paprikahälften in einem Plastikbeutel lauwarm abkühlen lassen, die Haut abziehen und die Paprika in Streifen schneiden. Die übrigen Tomaten waschen und ohne Stielansätze in dünne Scheiben schneiden. Die Gelatine etwa 10 Minuten in kaltem Wasser einweichen.

5. Die gekochten Tomaten durch ein Sieb gießen, den Sud wieder in den Topf geben und mit Balsamico, Salz und Pfeffer abschmecken. Die Gelatineblätter ausdrücken und im heißen Fond auflösen [→ a].

6. Eine Terrinenform mit Öl einstreichen, mit Frischhaltefolie auskleiden und nochmals einölen. Tomatenscheiben, Paprikastreifen und Basilikumstreifen einschichten [→ b], Tomaten leicht salzen und pfeffern. Den Tomatensud vorsichtig darübergießen, erkalten lassen. Die Sülze etwa 6 Stunden oder über Nacht kühl stellen.

7. Für die Salsa die getrockneten Aprikosen klein würfeln und mit Zitronensaft, Senf und Honig mischen. 1 Stunde quellen lassen. Die frischen Aprikosen waschen, entsteinen und klein würfeln. Mit dem Öl unter die getrockneten Aprikosen mischen, salzen und pfeffern.

8. Die Sülze vorsichtig aus der Form stürzen. Die Folie entfernen und die Sülze in Scheiben schneiden. Mit Salsa und Weißbrot servieren.

AUBERGINENCREME
mit Tomaten, Kapern und Basilikum

DIE ZARTWÜRZIGE AUBERGINENCREME SCHMECKT MIT OLIVEN, SCHAFSKÄSE
UND EINGELEGTEN PEPERONI ALS VORSPEISE ODER ZU GEGRILLTEM.

Zutaten für 4 Portionen

1 Aubergine (etwa 400 g)

200 g Tomaten

50 g getrocknete Tomaten (in Öl)

½ Bund Basilikum

1 EL kleine Kapern

1 EL Zitronensaft

4 EL Olivenöl

Salz, Chilipulver

besonderes Werkzeug
• Pürierstab

Zeitbedarf
• 20 Minuten +
  30 Minuten backen

So geht's

1. Den Backofen auf 250 °C (Umluft 230 °C) vorheizen. Die Aubergine waschen und den Stiel abschneiden. Die Aubergine einstechen [→ a] und auf dem Backblech im Ofen (Mitte) etwa 30 Minuten backen, bis die Haut dunkel und die Aubergine weich ist. Herausnehmen und etwas abkühlen lassen.

2. Inzwischen die Tomaten häuten (siehe Seite 51) und in kleine Würfel schneiden, die Stielansätze dabei herausschneiden. Die getrockneten Tomaten abtropfen lassen und in feine Streifen schneiden. Das Basilikum waschen und trocken schütteln. Die Blättchen abzupfen und fein hacken. Die Kapern abtropfen lassen.

3. Das Auberginenfleisch aus den Schalen lösen [→ b] und mit dem Zitronensaft und dem Olivenöl mit dem Pürierstab fein zerkleinern. Die frischen und die getrockneten Tomaten mit dem Basilikum und den Kapern untermischen und die Auberginencreme mit Salz und Chilipulver abschmecken.

DAS IST *wirklich* WICHTIG

[a] AUBERGINE VORBEREITEN Die Aubergine waschen und den Stiel abschneiden. Stechen Sie die Aubergine jetzt rundherum mit der Messerspitze mehrmals ein, damit die Haut beim Backen nicht aufplatzt.

[b] FLEISCH AUSLÖSEN Die gegarte Aubergine so weit abkühlen lassen, dass Sie sie gut anfassen können. Dann der Länge nach halbieren und das Fruchtfleisch mit einem Löffel gründlich von den Schalen abschaben.

[b]

[a]

GEGRILLTE TOMATEN
mit Oliven-Vinaigrette

AUSSER FLEISCH UND WÜRSTCHEN GIBT ES NOCH VIELES MEHR,
DAS VOM GRILLROST SCHMECKT – WIE DIESE TOMATEN BEWEISEN.

Zutaten für 4 Portionen

600 g feste reife Tomaten

5 EL Olivenöl

Salz, Pfeffer aus der Mühle

1 TL Puderzucker

100 g schwarze Oliven (ohne Stein)

2 getrocknete Tomaten (in Öl)

1 Bund Rucola

2 EL milder Apfelessig

1 TL Apfeldicksaft

100 g Feta (Schafskäse)

Zeitbedarf
• 20 Minuten

So geht's

1. Die Tomaten waschen und quer halbieren. Aus den oberen Hälften die Stielansätze herausschneiden. Die Schnittflächen der Tomaten dünn mit Olivenöl einpinseln und mit Salz, Pfeffer und Puderzucker bestreuen.

2. Den Grill anheizen und den Rost ölen. Die Tomaten mit der Schnittfläche nach unten mit etwa 20 cm Abstand zur Hitzequelle auf den Rost legen und etwa 10 Minuten grillen. Nach Belieben nach 5 Minuten etwas drehen [→ a].

3. Inzwischen die Oliven und die getrockneten Tomaten klein würfeln. Den Rucola verlesen, waschen und trocken schütteln. Eine Platte damit auslegen.

4. Den Essig mit dem Dicksaft, Salz, Pfeffer und dem restlichen Öl zu einer Salatsauce verrühren. Die Tomaten mit den Schnittflächen nach oben auf den Rucola setzen, die Sauce darüberträufeln. Den Schafskäse zerkrümeln und aufstreuen. Die Tomaten am besten lauwarm servieren.

DAS IST *wirklich* WICHTIG

[a] GRILLSTREIFEN Wenn Sie möchten, dass man den Tomaten ansieht, dass sie vom Grill kommen, können Sie sie nach der Hälfte der Zeit ein Stück um die eigene Achse drehen. So bekommen sie ein besonders schönes Muster.

TOMATEN-PAPRIKA-ESSENZ
mit Lachsstreifen

KLARE WÜRZIGE BRÜHE MIT EDLER FISCHEINLAGE – EIN BESONDERS
FEINER EINSTIEG IN EIN LEICHTES FESTLICHES MENÜ.

Zutaten für 4 Portionen

je 1 rote und gelbe Paprikaschote

1,2 kg Tomaten

Salz

150 g Datteltomaten

2 Knoblauchzehen

1 EL Olivenöl

Pfeffer aus der Mühle

200 g Lachsfilet

besonderes Werkzeug
• Mixer

Zeitbedarf
• 45 Minuten

So geht's

1. Den Backofen auf 250 °C (Umluft 230 °C) vorheizen. Die Paprika-schoten waschen und halbieren. Putzen und mit den Schnittflächen nach unten auf ein mit Backpapier belegtes Blech legen und im Ofen (Mitte) etwa 15 Minuten backen.

2. Die Tomaten waschen und in Würfel schneiden, die Stielansätze dabei entfernen. Die Tomaten im Mixer pürieren und mit 1 TL Salz mischen. Die Mischung in ein mit einem Tuch ausgelegtes Sieb über einer Schüssel schütten, das Tuch zusammendrehen und den Saft (etwa 700 ml) in der Schüssel auffangen.

3. Die Paprikahälften häuten [→ a] und in Streifen schneiden. Die Datteltomaten mit kochendem Wasser überbrühen und häuten. Die Tomaten der Länge nach halbieren.

4. Den Knoblauch schälen und in hauchdünne Scheiben schneiden. Das Öl bei schwacher Hitze erwärmen, den Knoblauch darin glasig dünsten. Mit dem abgetropften Tomatenwasser aufgießen. Die Flüssigkeit zum Kochen bringen, die Paprikastreifen und die Toma-tenhälften darin erwärmen, mit Salz und Pfeffer abschmecken.

5. Das Lachsfilet in sehr feine Streifen schneiden und auf Suppen-teller verteilen. Die heiße Essenz darüberschöpfen, den Lachs kurz ziehen lassen [→ b] und die Suppe dann servieren.

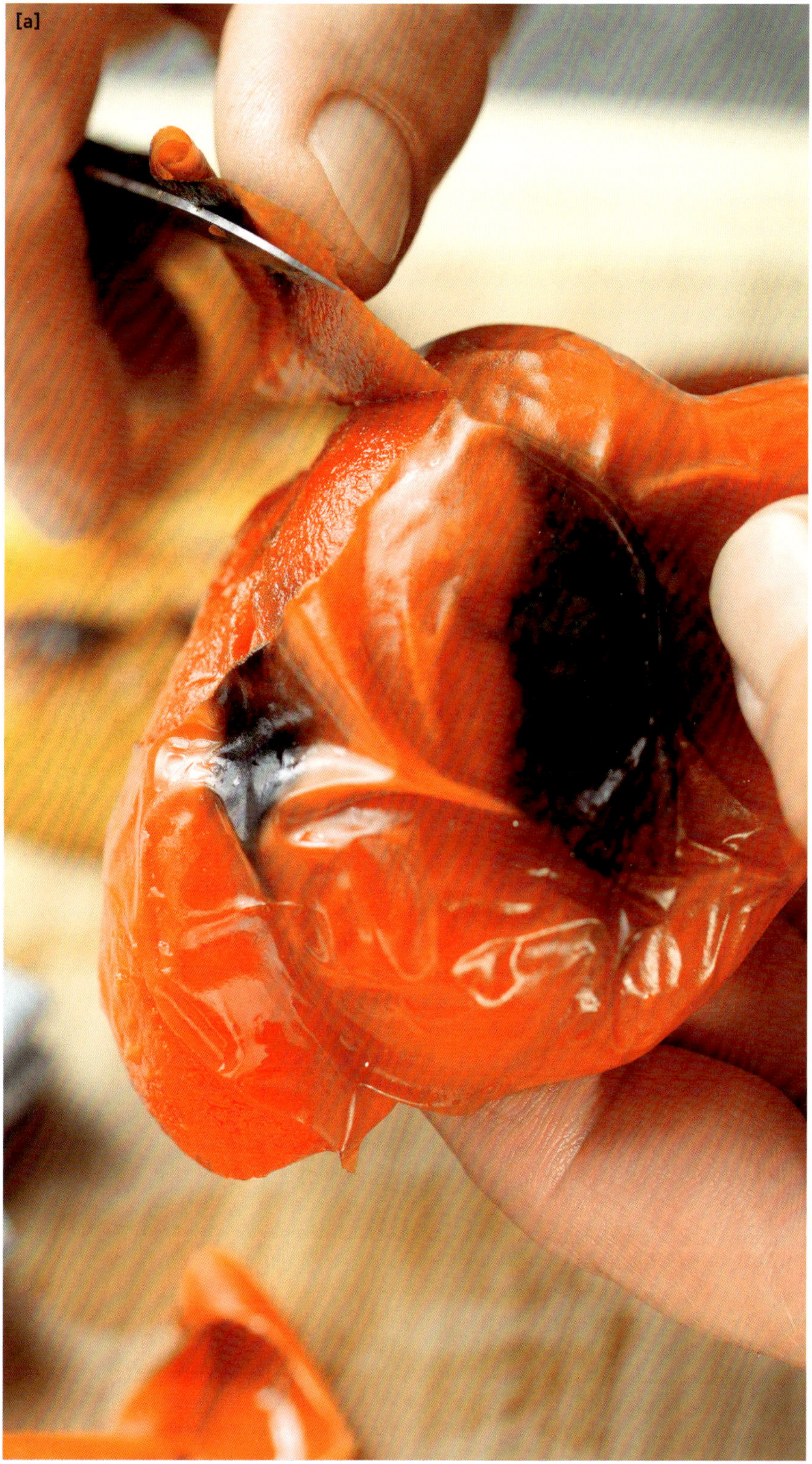

DAS IST *wirklich* WICHTIG

[a] PAPRIKA HÄUTEN Die Schoten durch den Stiel halbieren, Stiel entfernen. Legen Sie die Schoten mit den Schnittflächen nach unten auf das mit Backpapier belegte Blech und backen sie im 250 °C heißen Ofen so lange, bis die Haut dunkelbraune Blasen wirft. Die Schoten in einem Gefrierbeutel lauwarm abkühlen. Blasen einstechen und die Haut abziehen.

[b] LACHS ZIEHEN LASSEN Der zarte Fisch wird so fein geschnitten, dass er in der heißen Brühe gar zieht. Schöpfen Sie einfach kochendheiße Brühe über den Lachs im Teller und lassen Sie ihn kurz ziehen, bis er hellrosa ist.

KALTE TOMATENSUPPE
mit Orange

TOMATEN UND ORANGEN PASSEN GUT ZUSAMMEN, HABEN ABER NICHT GLEICH-
ZEITIG SAISON. IM BIOLADEN GIBT'S ALLERDINGS AUCH IM SOMMER ORANGEN.

Zutaten für 4 Portionen

4 Scheiben Toastbrot

1 milde weiße Zwiebel

800 g Tomaten

1 Bio-Orange

2 EL Pinienkerne

¼ Bund Minze

4 EL Olivenöl

1 EL Zitronensaft

Salz, Pfeffer aus der Mühle

1 EL Butter

1 TL rosenscharfes Paprikapulver

besonderes Werkzeug
• Pürierstab

Zeitbedarf
• 30 Minuten +
  1 Stunde kühlen

So geht's

1. 2 Scheiben Toastbrot mit lauwarmem Wasser übergießen und 10 Minuten einweichen.

2. Inzwischen die Zwiebel schälen und grob hacken. Die Tomaten waschen und ohne Stielansätze würfeln. Die Orange heiß waschen und abtrocknen, die Schale fein abreiben, den Saft auspressen. Die Pinienkerne in einer Pfanne ohne Fett bei mittlerer Hitze unter Rühren goldgelb rösten, auf einen Teller umfüllen. Die Minze waschen und trocken schütteln, die Blättchen abzupfen. Ein paar Blätter beiseitelegen, den Rest grob hacken.

3. Das eingeweichte Brot ausdrücken. Die Tomatenwürfel mit der Zwiebel, dem Öl, den Pinienkernen, der gehackten Minze, dem Orangen- und dem Zitronensaft sowie dem ausgedrückten Brot mischen und mit dem Pürierstab fein pürieren. Die pürierte Suppe soll etwas dickflüssig sein. Ist sie zu fest, einfach etwas kaltes Wasser unterrühren. Salzen, pfeffern und mindestens 1 Stunde kühl stellen.

4. Dann das übrige Toastbrot von der Rinde befreien und in Würfel schneiden. Die Butter mit dem Paprikapulver bei schwacher Hitze zerlassen. Die Brotwürfel dazugeben und unter Rühren braten, bis sie knusprig sind. Leicht salzen.

5. Die Suppe durchrühren, nochmals abschmecken und in Suppentassen füllen. Die Paprika-Croûtons und die übrige Minze aufstreuen und die Suppe gleich servieren.

ZUCCHINISUPPE
mit Ofentomaten

DIESE FEINE SUPPE BEKOMMT IHR GANZ BESONDERES AROMA VON DEN TOMATEN, DIE IM OFEN MEHR RÖSTSTOFFE BILDEN ALS IN DER PFANNE.

Zutaten für 4 Portionen

500 g Tomaten

½ Bund Thymian

2 Knoblauchzehen

1 kleine rote Chilischote

4 EL Olivenöl

1 TL Honig

Salz

400 g Zucchini

1 dünne Stange Lauch

¾ l Gemüsebrühe

100 g Feta (Schafskäse) oder 3 EL Ricotta

besonderes Werkzeug
• ofenfeste Form

Zeitbedarf
• 45 Minuten

So geht's

1. Den Backofen auf 200 °C (Umluft 180 °C) vorheizen. Die Tomaten waschen und würfeln, die Stielansätze dabei herausschneiden. Den Thymian waschen und trocken schütteln, die Blättchen von den Stielen streifen. Den Knoblauch schälen, vierteln und in dünne Scheiben schneiden. Die Chilischote waschen, vom Stiel befreien und mit den Kernen fein hacken.

2. Die Tomaten mit dem Thymian, dem Knoblauch, Chili, 3 EL Öl und dem Honig in einer weiten ofenfesten Form mischen und mit Salz abschmecken. Im Ofen (Mitte) 25–30 Minuten backen, bis die Tomaten leicht braun werden.

3. Die Zucchini waschen, putzen und in kleine Würfel schneiden. Den Lauch putzen, der Länge nach aufschneiden und gründlich waschen. Mit dem zarten Grün in feine Streifen schneiden.

4. Das restliche Öl in einem Suppentopf erhitzen. Die Zucchini und den Lauch darin unter Rühren andünsten. Die Gemüsebrühe angießen und zum Kochen bringen. Die Suppe offen etwa 5 Minuten köcheln lassen. Die Ofentomaten und den Feta oder Ricotta in kleinen Stückchen untermischen, die Suppe abschmecken und servieren.

SO SCHMECKT'S AUCH Die Zucchini mit dem Lauch im Öl bei mittlerer Hitze etwa 5 Minuten dünsten. Die Tomaten und den Feta oder Ricotta dazugeben und das Ganze als Nudelsauce servieren.

BESONDERE TOMATENSORTEN
Geschmackvolle Vielfalt

COSTOLUTO-TOMATEN

Sie ist eine eher kleine Fleischtomate mit festem Fleisch und viel Aroma. Am besten schmeckt sie, wenn sie noch nicht rundum rot ist, sondern noch ein paar grünliche Stellen hat.

DATTELTOMATEN

Diese Art der Kirschtomate ist länglich und von der Form her einer Dattel ähnlich. Sie hat eine dickere Schale als andere Kirschtomaten und schmeckt besonders aromatisch.

GELBE TOMATEN

Es gibt sie als Kirsch- und Eiertomate oder als normale runde Tomate. Gelbe Tomaten sind süßer als rote und haben weniger Säure.

GRÜNE TOMATEN

Im Gegensatz zu anderen Tomaten bleiben sie auch im reifen Stadium grün, das Solanin hat sich aber trotzdem abgebaut. Grüne Tomaten schmecken meist sehr aromatisch mit ausgeprägt süßer Note. Am besten als Salat, paniert oder in der Konfitüre.

OCHSENHERZ

Groß und unregelmäßig geformt wie ein Herz ist die beliebte Fleischtomate *cuore di bue*, wie sie in Italien heißt. Die Früchte sind unterschiedlich groß und haben ein schmackhaftes Fleisch, dürfen aber nicht überreif werden.

REISETOMATEN

Sie sind sehr stark gerippt, sodass man Stücke davon abbrechen kann, ohne dass der Rest der Tomate an Saftigkeit verliert. Weil man sie also ganz einfach portionsweise essen kann, wurde sie zur Reisetomate gekürt.

SCHWARZE TOMATEN

Vor allem Fleischtomaten wie die *Noire Cosebeuf* oder *Noire Charbonneux* mit der schwärzlichen Färbung kommen inzwischen gelegentlich auf den Markt. Sie haben ein schmackhaftes Fleisch, dürfen aber nicht zu reif werden, sonst schmecken sie leicht mehlig und nicht mehr saftig. Am besten roh als Salat oder Carpaccio.

TOMATILLO

Die Tomatillo ist eigentlich keine „richtige" Tomate, aber doch ein Nachtschattengewächs, und eng mit der Physalis (Kapstachelbeere) verwandt. Die Tomatillo schmeckt leicht säuerlich-herb und wird meist gekocht verwendet, kann aber auch roh gegessen werden.

WILDTOMATEN

Vor allem am Biogemüsestand sind sie manchmal zu haben: sehr kleine unregelmäßig geformte Tomaten in Rot, Grün und Gelb. Verwenden können Sie sie wie Kirschtomaten.

ZEBRA-TOMATEN

Gelegentlich wird man fündig oder kann sie selber anbauen: die *Green Zebra* ist gelb mit grünen Streifen. Sie schmeckt sehr fein, hat eine dünne Haut und ein festes Fleisch. Die *Black Zebra* hingegen hat burgunderrote bis schwärzliche Streifen, sie ist eine Kreuzung aus einer schwarzen Tomate und der *Green Zebra*. Sie schmeckt süßlich und aromatisch und hat eine dicke Schale.

[a]

[b]

DAS IST
wirklich
WICHTIG

[a] TEIG AUSROLLEN Formen Sie
den gut verkneteten Teig zu einer
Kugel. Legen Sie ein Stück Frischhaltefolie auf die Arbeitsfläche,
darauf die Teigkugel und darauf
noch einmal ein Stück Folie. Jetzt
den Teig mit der Nudelrolle nach
und nach auf die Größe der Form
ausrollen. Das Teigstück dabei
immer wieder ein Stück drehen,
so wird es gleichmäßig rund.

[b] TEIG IN DIE FORM GEBEN Die
obere Folie vom Teig abziehen. Stürzen Sie den Teig jetzt in die Form
und ziehen Sie auch die andere Folie
ab. Den Teig mit den Fingern gleichmäßig in der Form verteilen. Ziehen
Sie dabei einen 2 cm hohen Rand
hoch.

TOMATEN-TARTE
mit Artischockenherzen und Ricotta

EINE SAFTIGE UND FRUCHTIG-FRISCHE TARTE, DIE WARM UND KALT SCHMECKT.
SIE LÄSST SICH ALSO AUCH ZUM PICKNICK MITNEHMEN ODER AUFS BUFFET STELLEN.

Zutaten für 4 Portionen

Für den Teig

120 g kalte Butter

240 g Mehl, Salz

Für den Belag

400 g Kirschtomaten (rote und gelbe gemischt)

4 Artischockenherzen (aus dem Glas)

¼ Bund Thymian

¼ Bio-Zitrone

400 g Ricotta

3 Eier (Größe M)

50 g frisch geriebener Pecorino oder Parmesan

Salz, Pfeffer aus der Mühle

2 EL Pinienkerne

1 EL Olivenöl

besonderes Werkzeug
• Tarteform (30 cm ø)

Zeitbedarf
• 30 Minuten +
  1 Stunde kühlen +
  45 Minuten backen

So geht's

1. Für den Teig die Butter in Würfel schneiden und mit dem Mehl, ca. 2 EL Wasser und 1 TL Salz zu einem glatten Teig verkneten. Zuerst zu einer Kugel formen und dann zwischen zwei Lagen Frischhaltefolie rund in Größe der Form ausrollen [→ a].

2. Die obere Folie abziehen, Teig in die Form stürzen, die zweite Folie entfernen und den Teig in der Form verteilen, dabei einen 2 cm hohen Rand formen [→ b]. Den Teig in der Form etwa 1 Stunde kühl stellen.

3. Für den Belag die Tomaten waschen und halbieren. Die Artischockenherzen in Spalten schneiden. Den Thymian waschen und trocken schütteln, die Blättchen abstreifen. Das Zitronenstück heiß waschen und abtrocknen, die Schale fein abreiben.

4. Den Backofen auf 180 °C (Umluft 160 °C) vorheizen. Den Ricotta mit den Eiern, dem geriebenen Käse, der Zitronenschale und dem Thymian gründlich verrühren und mit Salz und Pfeffer abschmecken. Die Tomaten mit der Schnittfläche nach oben auf den Teigboden setzen, die Artischocken dazwischen verteilen. Die Ricottacreme darüber verteilen. Die Pinienkerne aufstreuen, das Öl darüberträufeln und die Tarte im Ofen (Mitte) etwa 45 Minuten backen, bis sie schön gebräunt ist. 5–10 Minuten ruhen lassen, in Stücke schneiden und servieren.

Die Variante

Gestürzte Tomaten-Tarte
Den Teig zubereiten, dabei das Wasser durch Olivenöl ersetzen. In einer ofenfesten Tarteform auf dem Herd 4 EL Olivenöl erhitzen. 4 Knoblauchzehen in Stiften und je 2 TL Rosmarin und Thymian darin anbraten. 700 g feste reife Tomaten halbieren, salzen, pfeffern und mit den Schnittflächen nach unten nebeneinander in die Form setzen. Den Teig rund ausrollen und darauf stürzen. Am Rand andrücken und mit Olivenöl einpinseln. Im Ofen bei 220 °C (Umluft 200 °C) etwa 25 Minuten backen. Teig vom Rand der Form lösen, Tarte vorsichtig stürzen.

BLÄTTERTEIGSTRUDEL
mit Tomaten-Kaninchen-Füllung

LUFTIG-KNUSPRIGER TEIG MIT EINER FEINEN FÜLLUNG AUS WÜRZIGEM MANGOLD, SAFTIGEN TOMATEN UND ZARTEM KANINCHENFLEISCH – EINFACH IDEAL FÜR GÄSTE.

Zutaten für 4 Portionen

1 Packung TK-Blätterteig (450 g)

600 g Tomaten

250 g Mangoldblätter

Salz

600 g Kaninchenfilet

Pfeffer

1 EL Öl

100 g Bacon oder durch-wachsener Räucherspeck in dünnen Scheiben

4 Frühlingszwiebeln

¼ Bund Thymian

200 g Crème fraîche

1 Eigelb

2 EL Milch oder Sahne

Zeitbedarf

· 30 Minuten ·
30 Minuten backen

So geht's

1. Die Blätterteigplatten auftauen lassen [→ a]. Inzwischen die Tomaten häuten, halbieren und entkernen (siehe Seite 51 und 36). Die Tomaten ohne Stielansätze in Streifen schneiden. Die Mangoldblätter waschen und in kochendem Salzwasser etwa 1 Minute garen, bis sie biegsam sind. Kalt abschrecken und gut abtropfen lassen.

2. Die Kaninchenfilets mit Salz und Pfeffer würzen und in einer Pfanne im Öl bei mittlerer Hitze von allen Seiten gut anbraten. Herausnehmen und abkühlen lassen. Den Speck in Streifen schneiden. Die Frühlingszwiebeln waschen, putzen und mit dem knackigen Grün in feine Ringe schneiden. Den Thymian waschen, trocken schütteln und die Blättchen abstreifen.

3. Die Blätterteigplatten aufeinanderlegen und auf einem bemehlten Küchentuch schön dünn zu einem Rechteck ausrollen.

4. Den Backofen auf 180 °C (Umluft 160 °C) vorheizen. Die Teigplatte mit den Mangoldblättern belegen, rundherum einen 2 cm breiten Rand frei lassen. Den Speck darauf verteilen, dann die Crème fraîche in Klecksen daraufgeben. Das Kaninchenfleisch in dünne Scheiben schneiden und mit den Tomaten darauf verteilen. Mit den Zwiebelringen und dem Thymian bestreuen, salzen und pfeffern.

5. Die Ränder nach innen schlagen und den Strudel aufrollen [→ b]. Dann auf das mit Backpapier belegte Backblech geben [→ c]. Das Eigelb mit der Milch oder Sahne verquirlen und den Strudel damit bestreichen. Den Strudel im heißen Ofen (Mitte) etwa 30 Minuten backen, bis er schön braun ist. Kurz ruhen lassen, in Scheiben schneiden und servieren.

[b]

DAS IST *wirklich* WICHTIG

[a] **BLÄTTERTEIG AUFTAUEN** Die Platten zum Auftauen mit einem Küchentuch bedecken. Das verhindert, dass sie trocken werden.

[b] **STRUDEL AUFROLLEN** Nach dem Belegen die Ränder gut 1 cm breit nach innen klappen. Die Teigplatte mithilfe des Tuchs anheben und nach und nach immer höher heben und den Teig dadurch aufrollen.

[c] **STRUDEL AUFS BLECH SETZEN** Die Teigplatte bis zum Rand des Tuchs rollen. Dann das Tuch auf beiden Seiten hochheben, mit dem Rand an das Backblech halten und die Teigrolle darauf rollen lassen.

DAS IST
wirklich
WICHTIG

[a] NUDELTEIG KNETEN Die Teig-
zutaten in der Schüssel miteinander
verkneten. Dann auf die bemehlte
Arbeitsfläche umfüllen und so lange
kräftig durchkneten, bis der Teig glatt
und elastisch ist und seidig glänzt.

[b] NUDELN SCHNEIDEN Den Teig
so dünn wie möglich ausrollen. Die
Teigplatte leicht mehlen, aufrollen
und mit einem langen Messer in
beliebig schmale oder breite Bandnudeln schneiden. Lockern und
kurz auf dem bemehlten Küchentuch
ruhen lassen.

BANDNUDELN
mit Safrantomaten und Ziegenkäse

HAUSGEMACHTE PASTA IST MIT DEN WÜRZIGEN TOMATEN UND
DEM AROMATISCHEN KÄSE EIN ECHTES KULINARISCHES HIGHLIGHT!

Zutaten für 4 Portionen

Für den Teig

300 g Mehl + Mehl zum Ausrollen

3 Eier (Größe L)

1 EL Olivenöl

Salz

Für die Sauce

1 Döschen Safranfäden (0,1 g)

50 ml trockener Weißwein oder Gemüsefond

4 Frühlingszwiebeln

700 g Kirschtomaten

2 EL Olivenöl

Salz, Pfeffer aus der Mühle

1 Prise Zucker

150 g Ziegenfrischkäse

1 EL kleine Basilikumblättchen

besonderes Werkzeug
• Nudelmaschine oder Nudelholz

Zeitbedarf
• 1 Stunde +
  1 Stunde ruhen

So geht's

1. Für den Teig das Mehl, die Eier, das Öl und 1 TL Salz zu einem geschmeidigen Teig verkneten [→ a], zur Kugel formen und in ein Küchentuch gehüllt 30 Minuten ruhen lassen.

2. Den Teig dann portionsweise auf der bemehlten Arbeitsfläche mit der Nudelrolle oder in der Nudelmaschine zu dünnen Platten ausrollen. Die Platten bemehlen, aufrollen und zu Nudeln schneiden [→ b].

3. Die Nudeln mit den Fingern lockern und auf dem bemehlten Küchentuch 30 Minuten ruhen lassen. Sie können auch länger antrocknen, sollten dann aber ab und zu gewendet werden.

4. Für die Sauce den Safran zwischen den Fingern zerreiben und mit dem Wein verrühren. Stehen lassen, bis sich die Flüssigkeit intensiv orange färbt. Die Frühlingszwiebeln waschen und putzen. Etwas vom knackigen Grün abschneiden und beiseitelegen, den Rest der Zwiebeln in feine Ringe schneiden. Die Tomaten waschen und halbieren.

5. Für die Nudeln reichlich Wasser zum Kochen bringen und salzen. Die Nudeln darin in 2–3 Minuten bissfest garen.

6. Schon kurz bevor das Wasser kocht und die Nudeln hineinkommen, das Olivenöl in einer Pfanne erhitzen und die Zwiebelringe darin andünsten. Die Tomaten dazugeben, mit Salz, Pfeffer und Zucker abschmecken und kurz dünsten. Den Safran angießen und aufkochen. Die Tomaten auf der abgeschalteten Herdplatte warm halten.

7. Den Frischkäse in kleine Stücke teilen. Die Nudeln abgießen und mit den Safrantomaten und dem Ziegenfrischkäse locker in einer Schüssel mischen. Mit den Basilikumblättchen bestreut servieren.

KARAMELLISIERTE TOMATEN
mit Zucchiniblüten

EINE BESONDERS FEINE KOMBINATION, DIE ZU NUDELN EBENSO GUT SCHMECKT
WIE ALS BEILAGE ZU DÜNNEN GEBRATENEN KALBSSCHNITZELN.

Zutaten für 4 Portionen

8 Zucchiniblüten

500 g Kirschtomaten (am besten rote und gelbe gemischt)

½ Bund Petersilie

4 EL Olivenöl

2 gestr. EL Puderzucker

Salz, Pfeffer aus der Mühle

Zeitbedarf
• 20 Minuten

So geht's

1. Die Zucchiniblüten vorsichtig aufbiegen und den Stempel aus der Mitte mit einem kleinen Messer herauslösen. Die Tomaten waschen und halbieren. Die Petersilie waschen, trocken schütteln und die Blättchen fein schneiden.

2. Das Öl in einer Pfanne erhitzen, die Zucchiniblüten darin bei mittlerer Hitze 2–3 Minuten braten, wieder herausnehmen. 2 TL Puderzucker in das Bratöl rühren. Die Tomaten mit der Schnittfläche nach unten hineinsetzen und bei mittlerer Hitze etwa 5 Minuten braten. Den restlichen Zucker darüberstäuben und die Tomaten unter Wenden kurz weiterbraten, bis sie leicht braun sind.

3. Die Petersilie und die Zucchiniblüten untermischen und alles gut erhitzen. Die Tomaten mit Salz und Pfeffer würzen und mit Nudeln oder Schupfnudeln servieren.

OFENTOMATEN
mit Fenchelaroma

EINE KÖSTLICHE TOMATENZUBEREITUNG, DIE ZEIT BRAUCHT, ABER VIELE GERICHTE AUFWERTET – VON NUDELN ÜBER GNOCCHI BIS ZU FLEISCH UND FISCH.

Zutaten für 4 Portionen

800 g Eiertomaten

8 Zweige Thymian

1 Zweig Rosmarin

1 TL Fenchelsamen

Salz, Pfeffer aus der Mühle

2 Knoblauchzehen

4 EL Olivenöl

1 TL Honig

besonderes Werkzeug
• ofenfeste Form

Zeitbedarf
• 15 Minuten +
2 Stunden backen

So geht's

1. Die Tomaten häuten (siehe Seite 51) und der Länge nach halbieren. Mit den Schnittflächen nach oben nebeneinander in eine ofenfeste Form oder eine Tarteform legen.

2. Den Backofen auf 120 °C (Ober- und Unterhitze; Umluft nicht geeignet) vorheizen. Die Kräuter waschen und trocken schütteln. Von den Stielen streifen und fein schneiden. Mit den Fenchelsamen auf den Tomaten verteilen, mit Salz und Pfeffer bestreuen.

3. Den Knoblauch schälen und durch die Presse drücken. Mit dem Honig und dem Olivenöl verrühren und über den Tomaten verteilen.

4. Die Tomaten im Ofen (Mitte) etwa 2 Stunden backen. Warm oder lauwarm essen.

LACHSFORELLENFILETS
mit Tomaten-Aprikosen-Gemüse

EINE EDLE KOMBINATION FÜR BESONDERE TAGE. VORAUSSETZUNG: AROMATISCHE APRIKOSEN, DIE NICHT IMMER LEICHT ZU BEKOMMEN SIND.

Zutaten für 4 Portionen

500 g Tomaten

200 g Aprikosen

1 rote Zwiebel

20 Salbeiblättchen

4 Lachsforellenfilets mit Haut (à ca. 200 g)

2 EL Öl

Salz, Pfeffer aus der Mühle

1 geh. EL Butter

1 TL Zucker

5 EL trockener weißer Wermut (z. B. Noilly Prat)

Zeitbedarf
• 35 Minuten

So geht's

1. Die Tomaten häuten (siehe Seite 51) und ohne Stielansätze in Achtel teilen. Die Aprikosen waschen, halbieren, vom Stein befreien und in Schnitze schneiden. Die Zwiebel schälen, vierteln und in Streifen schneiden. Den Salbei waschen, trocken tupfen und ebenfalls in Streifen schneiden.

2. Die Fischfilets von Gräten befreien [→ a]. Die Haut mit dem Öl einpinseln. Die Filets auf beiden Seiten mit Salz und Pfeffer würzen.

3. Die Butter mit dem Zucker in einem Topf schmelzen. Zwiebel- und Salbeistreifen einrühren und bei schwacher Hitze etwa 5 Minuten goldgelb und bissfest dünsten. Ab und zu umrühren.

4. Die Tomaten dazugeben und weitere 3 Minuten dünsten. Mit dem Wermut ablöschen und mit Salz und Pfeffer würzen. Die Aprikosen untermischen und zugedeckt auf der abgeschalteten Herdplatte nur warm werden lassen.

5. Für den Fisch eine große Pfanne heiß werden lassen. Den Fisch mit der Haut nach unten einlegen und bei starker Hitze je nach Dicke 3–5 Minuten braten [→ b]. Wenden und noch etwa 1 Minute braten.

6. Das Gemüse abschmecken und mit dem Fisch auf vorgewärmten Tellern anrichten.

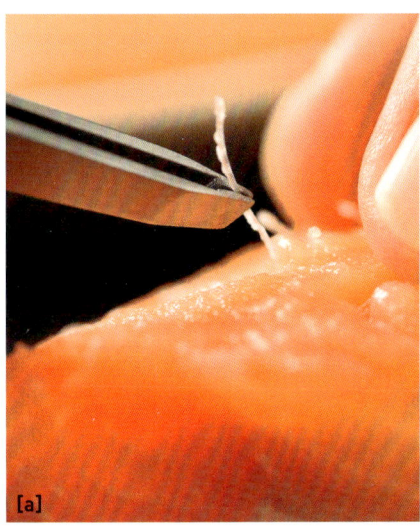

[a]

DAS IST *wirklich* WICHTIG

[b]

[a] GRÄTEN ZUPFEN Fahren Sie mit den Fingerspitzen über die Fischfilets. Wenn Sie auf eine Gräte stoßen, das Fischfleisch rundherum mit den Fingern festhalten und die Gräte mit der Pinzette herausziehen.

[b] FISCH AUF DER HAUT BRATEN Die Pfanne heiß werden lassen und die Fischfilets mit der geölten Haut nach unten darin so lange bei starker Hitze braten, bis die Haut knusprig wird. Sie löst sich dann leicht vom Pfannenboden. An der Oberfläche sieht das Fischfleisch jetzt auch nicht mehr glasig, aber noch feucht aus.

MATJES-TOMATEN-TATAR
mit Kürbis-Kartoffel-Puffern

WENN DIE MATJESSAISON BEGINNT, SIND AUCH DIE ERSTEN TOMATEN AUS DEM FREILAND ZU HABEN. GRUND GENUG, DIE BEIDEN ZU KOMBINIEREN.

Zutaten für 4 Portionen

Für das Tatar

200 g Tomaten

1 milde rote Zwiebel

½ Bund Dill oder Schnittlauch

400 g Matjesfilet

1 EL Zitronensaft

1 TL Honigsenf

Salz, Pfeffer aus der Mühle

2 EL neutrales Öl

Für die Puffer

600 g mehligkochende Kartoffeln

1 Stück Hokkaidokürbis (etwa 600 g)

Salz, Pfeffer aus der Mühle

2 EL Butterschmalz zum Braten

Zeitbedarf
• 45 Minuten

So geht's

1. Die Tomaten waschen und halbieren. Die Kerne entfernen [→ a] (siehe Seite 36). Die Tomaten ohne Stielansätze sehr klein würfeln. Die Zwiebel schälen und sehr fein hacken. Den Dill kalt abbrausen und trocken schütteln. Die Spitzen abzupfen und fein schneiden.

2. Die Matjesfilets ebenfalls in kleine Würfel schneiden. Den Zitronensaft mit dem Honigsenf, Salz und Pfeffer verrühren. Das Öl unterschlagen. Tomaten, Zwiebel, Dill und Matjes untermischen, abschmecken und bis zum Servieren kühl stellen.

3. Für die Puffer die Kartoffeln schälen und waschen. Den Kürbis putzen und schälen [→ b]. Kartoffeln und Kürbis auf der Rohkostreibe oder in der Küchenmaschine fein raspeln. Mit Salz und Pfeffer würzen.

4. In einer Pfanne etwas Butterschmalz erhitzen. Von der Kartoffel-Kürbis-Masse jeweils 1 EL hineinsetzen und etwas flacher drücken. Bei mittlerer Hitze etwa 5 Minuten braten, wenden und noch einmal so lange braten. Die fertigen Puffer im Backofen bei 70 °C warm halten. Wieder etwas Butterschmalz in die Pfanne geben und weitere Puffer braten.

5. Wenn alle Puffer gebraten sind, auf Teller verteilen und mit dem Matjes-Tomaten-Tatar servieren.

Dazu schmeckt außerdem saure Sahne oder Crème fraîche, mit etwas Salz und Pfeffer gewürzt.

SO SCHMECKT'S AUCH Hokkaidokürbis gibt's im Biohandel eigentlich den ganzen Sommer über. Für alle, die Kürbis nicht mögen oder keinen bekommen: 400 g junge Zucchini waschen, putzen und raspeln und die Raspeln sehr gut ausdrücken.

DAS IST *wirklich* WICHTIG

[a] TOMATEN ENTKERNEN Damit das Tatar nicht zu flüssig wird, müssen Sie die Tomaten entkernen.

[b] KÜRBIS PUTZEN Den Kürbis halbieren und die Kerne samt faserigem Fruchtfleisch mit einem Löffel herausschaben. Dann den Kürbis in Spalten teilen – so lässt er sich leichter bearbeiten – und die Schale Stück für Stück abschneiden.

[b]

GANZER FISCH
auf Tomaten-Gratin

EIN GANZER FISCH IST IMMER BEEINDRUCKEND. IM OFEN GEGART MACHT ER ZUDEM WENIG ARBEIT. UND DIE BEILAGE LIEGT GLEICH MIT IN DER FORM.

Zutaten für 4 Portionen

800 g Fleischtomaten

1 Bund Frühlingszwiebeln

4 Knoblauchzehen

4 Sardellenfilets (in Öl)

50 ml trockener weißer Wermut (z. B. Noilly Prat; ersatzweise Weißwein)

4 EL Olivenöl

Salz, Pfeffer aus der Mühle

1 ganzer Fisch (etwa 1 kg, z. B. Brasse oder Lachsforelle)

4 Zitronenscheiben

4 Zweige Salbei

besonderes Werkzeug
• ofenfeste Form

Zeitbedarf
• 25 Minuten +
  35 Minuten backen

So geht's

1. Die Tomaten waschen und in dünne Scheiben schneiden. Dabei die Stielansätze herausschneiden. Die Tomaten dachziegelartig in einer großen ofenfesten Form auslegen.

2. Den Backofen auf 200 °C (Umluft 180 °C) vorheizen. Die Frühlingszwiebeln waschen, putzen und mit dem knackigen Grün in feine Ringe schneiden. Den Knoblauch schälen und fein hacken. Die Sardellenfilets abtropfen lassen und fein schneiden. Zwiebelringe, Knoblauch und Sardellenstücke mit dem Wermut und 2 EL Öl verrühren, leicht salzen und pfeffern und auf den Tomaten verteilen.

3. Den Fisch innen und außen kalt abspülen und trocken tupfen. Mit Salz und Pfeffer würzen. Die Zitronenscheiben und den Salbei in den Fischbauch legen. Den Fisch auf die Tomaten legen und mit dem restlichen Öl beträufeln.

4. Im Ofen (Mitte) etwa 35 Minuten backen. Den Fisch filetieren und mit den Tomaten servieren.

SEETEUFELKOTELETTS
mit roher Tomatensauce

LEICHTE SOMMERKÜCHE, DIE AUCH AN SEHR HEISSEN TAGEN SCHMECKT UND
NICHT ERKENNEN LÄSST, WIE WENIG ARBEIT DAS FEINE ERGEBNIS GEMACHT HAT.

Zutaten für 4 Portionen

1 Scheibe Toastbrot

300 g Tomaten

je ½ Bund Petersilie und
Basilikum

½ rote Chilischote

2 Knoblauchzehen (nach
Belieben)

2 Sardellenfilets (in Öl)

1 EL Kapern

2 EL Olivenöl

Salz, Pfeffer aus der Mühle

1 Prise Zucker

½ l Fischfond (aus dem Glas)

¼ l trockener Weißwein

2 TL Pfefferkörner

2 Lorbeerblätter

8 Seeteufelkoteletts (etwa 800 g;
ersatzweise Wolfsbarsch- oder
Zanderfilets)

besonderes Werkzeug
• Mixer oder Pürierstab

Zeitbedarf
• 40 Minuten

So geht's

1. Das Toastbrot in einer Schüssel mit Wasser bedecken und 10 Minuten lang weich werden lassen.

2. Die Tomaten waschen und würfeln, die Stielansätze herausschneiden. Die Kräuter waschen und trocken schütteln, die Blättchen abzupfen und grob hacken. Die Chilihälfte waschen und grob schneiden. Nach Belieben den Knoblauch schälen und würfeln. Sardellenfilets und Kapern abtropfen lassen.

3. Das Toastbrot ausdrücken und mit den Tomaten, den Kräutern, Chili, eventuell dem Knoblauch, den Sardellen, den Kapern und dem Öl im Mixer oder mit dem Pürierstab fein pürieren. Mit Salz, Pfeffer und dem Zucker abschmecken.

4. Den Fischfond mit dem Wein, den Pfefferkörnern und den Lorbeerblättern in einem weiten Topf erhitzen. Den Fond mit Salz abschmecken. Die Fischkoteletts kurz kalt abspülen und abtrocknen. In den Sud legen und bei schwacher Hitze und halb aufgelegtem Deckel etwa 10 Minuten darin gar ziehen lassen.

5. Die Fischkoteletts aus dem Sud heben und auf vorgewärmte Teller geben. Mit der Tomatensauce servieren.

Dazu schmecken außerdem Salzkartoffeln.

KALBSGULASCH
mit Tomaten und Vanille

FLEISCH, DAS BEI SANFTER HITZE LANGSAM VOR SICH HIN SCHMORT, TANKT BESONDERS VIEL AROMA. IN DIESEM FALL VON TOMATEN UND VANILLE.

Zutaten für 4 Portionen

800 g Kalbsschulter oder -keule

Salz, Pfeffer aus der Mühle

200 g Schalotten

2 Knoblauchzehen

4 Zweige Thymian

1 Vanilleschote

1 EL Butter

1 EL Öl

1 TL Zucker

100 ml Weißwein oder Kalbsfond

400 g Tomaten

1 kleines Bund Basilikum

Zeitbedarf
• 1 Stunde 15 Minuten

So geht's

1. Das Fleisch vorbereiten [→ a] und in etwa 2 cm große Würfel schneiden. Mit Salz und Pfeffer würzen.

2. Die Schalotten schälen und je nach Größe ganz lassen oder halbieren. Den Knoblauch schälen und in dickere Scheiben schneiden. Den Thymian waschen und trocken schütteln. Die Vanilleschote aufschneiden und das Mark aus der Schote lösen [→ b].

3. Die Butter mit dem Öl in einem Schmortopf erhitzen. Das Fleisch darin in drei Portionen jeweils unter Rühren gut anbraten und wieder herausnehmen.

4. Den Zucker im Bratfett schmelzen lassen. Die Schalotten mit dem Knoblauch und dem Thymian darin andünsten, bis die Schalotten goldgelb sind. Mit dem Wein ablöschen und den Bratsatz lösen. Das Fleisch mit dem Vanillemark dazugeben. Alles zugedeckt bei schwacher Hitze etwa 30 Minuten schmoren.

5. Inzwischen die Tomaten häuten (siehe Seite 51) und ohne Stielansätze achteln. Die Kerne entfernen. Das Basilikum waschen und trocken schütteln. Die Blättchen abzupfen und ganz lassen.

6. Die Tomaten unter das Gulasch mischen und alles noch 15 Minuten schmoren. Das Basilikum unterrühren und zusammenfallen lassen. Das Gulasch abschmecken und servieren.

Dazu schmecken in Butter geschwenkte Bandnudeln oder selbst gemachtes Kartoffelpüree.

[a]

DAS IST *wirklich* WICHTIG

[a] FLEISCH PARIEREN Größere Fettstücke abschneiden. Dann eventuell vorhandene Sehnen entfernen. Mit einem Messer mit dünner Klinge unter die Sehne stechen. Die Sehne direkt am Fleisch abtrennen. Immer vom Körper weg arbeiten!

[b] VANILLEMARK AUSKRATZEN Die Vanilleschote der Länge nach aufschneiden. Klappen Sie die Schote auf und schaben Sie das schwarze Mark mit dem Messer heraus.

[b]

123

KANINCHENKEULEN
auf Ingwertomaten

ZARTES UND DOCH AROMATISCHES FLEISCH AUF WÜRZIGEN TOMATEN –
DAS GEWISSE ETWAS STEUERT HIER FRISCHER INGWER BEI.

Zutaten für 4 Portionen

½ Bio-Zitrone

2 EL Honigsenf

Salz, Pfeffer aus der Mühle

4 Kaninchenkeulen

4 EL Olivenöl

1 EL Butter

800 g Tomaten

1 Stück Ingwer (5 – 7 cm)

4 Knoblauchzehen

5 Zweige Bohnenkraut
(ersatzweise Thymian)

2 TL Honig

besonderes Werkzeug
• große ofenfeste Form

Zeitbedarf
• 15 Minuten +
  35 Minuten backen

So geht's

1. Die Zitronenhälfte heiß waschen und abtrocknen, die Schale fein abreiben **[→ a]**. Den Saft auspressen. Den Senf mit der Zitronenschale, Salz und Pfeffer verrühren. Die Kaninchenkeulen waschen und abtrocknen und mit der Senfmischung einstreichen.

2. 1 EL Öl mit der Butter in einer Pfanne erhitzen, die Kaninchenkeulen darin rundherum anbraten und wieder herausnehmen.

3. Den Backofen auf 180 °C (Umluft 160 °C) vorheizen. Die Tomaten waschen und die Stielansätze herausschneiden. Die Tomaten quer zu den Samenkammern in dünne Scheiben schneiden. Eine ofenfeste Form, in der alle Keulen nebeneinander Platz haben, mit den Tomatenscheiben auslegen.

4. Den Ingwer und den Knoblauch schälen und fein hacken. Das Bohnenkraut waschen und trocken schütteln. Die Blättchen abzupfen oder -streifen und mittelfein hacken. Das restliche Öl mit 1 EL Zitronensaft und dem Honig verrühren. Ingwer, Knoblauch und Bohnenkraut untermengen. Die Mischung auf den Tomaten verstreichen, die Tomaten salzen.

5. Die Kaninchenkeulen auf die Tomaten setzen. Im Ofen (Mitte) etwa 35 Minuten backen, bis sie gar sind.

Dazu schmecken frisches Stangenweißbrot oder Bratkartoffeln mit Koriandersamen.

DAS IST *wirklich* WICHTIG

NUR DIE GELBE SCHALE, NICHT DIE BITTERE WEISSE HAUT ABREIBEN.

[a] ZITRONENSCHALE ABREIBEN
Die Zitrone heiß waschen und abtrocknen. Die Schale fein abreiben oder mit dem Zestenreißer ablösen. Achten Sie immer darauf, dass Sie nur das Gelbe ohne die weiße Haut darunter ablösen. Diese schmeckt nämlich bitter.

[a]

LAMMKOTELETTS
mit gratinierten Tomaten

DIE SAFTIGEN TOMATEN MIT DER FEINEN KRUSTE SIND NICHT NUR EINE IDEALE BEILAGE ZU FLEISCH UND FISCH. SIE SCHMECKEN AUCH ALS VORSPEISE.

Zutaten für 4 Portionen

4 Tomaten

4 Knoblauchzehen

1 kleines Bund Petersilie

1 Stängel Minze

40 g altbackenes Weißbrot

½ Bio-Zitrone

1 TL grüne Pfefferkörner

1 TL Kapern

1 EL Pinienkerne

4 EL Olivenöl

2 EL frisch geriebener Parmesan

Salz, Pfeffer aus der Mühle

8 Lammkoteletts

1 Zweig Rosmarin

besonderes Werkzeug
• ofenfeste Form

Zeitbedarf
• 45 Minuten

So geht's

1. Den Backofen auf 220 °C (Umluft 200 °C) vorheizen. Die Tomaten waschen, von den Stielansätzen befreien und halbieren. Mit den Schnittflächen nach oben nebeneinander in eine ofenfeste Form legen.

2. Den Knoblauch schälen. Die Kräuter waschen und trocken schütteln, die Blättchen abzupfen und mit 2 Knoblauchzehen sehr fein hacken. Das Weißbrot von der Rinde befreien und möglichst klein würfeln. Die Zitronenhälfte heiß waschen und abtrocknen, die Schale fein abreiben. Die Pfefferkörner mit den Kapern und den Pinienkernen fein hacken.

3. Die Kräutermischung, das Brot, die Zitronenschale und die Pfeffermischung mit 2 EL Olivenöl und dem Käse verrühren und mit Salz abschmecken. Die Tomaten leicht salzen und pfeffern und mit der würzigen Mischung bedecken. Die Tomaten im Ofen (Mitte) etwa 20 Minuten backen, bis sie leicht gebräunt sind.

4. Inzwischen die Lammkoteletts mit Küchenpapier abtupfen und mit Salz und Pfeffer würzen. Den Rosmarin waschen und trocken schütteln, die Nadeln abzupfen und mit dem übrigen Knoblauch fein schneiden. Die halbe Zitrone auspressen.

5. Das restliche Olivenöl in einer Pfanne erhitzen. Die Lammkoteletts darin bei starker Hitze auf jeder Seite 2–3 Minuten braten. Aus der Pfanne nehmen und warm halten. Rosmarin, Knoblauch und Zitronensaft ins Bratfett geben und gut durchrühren. Über die Lammkoteletts verteilen. Die Tomaten dazu servieren.

GEFÜLLTE HÜHNERBRÜSTCHEN
mit geschmorten Tomaten

LANGSAM GESCHMORTE TOMATEN MIT VIEL AROMA – DAZU FEINE HÜHNER-
BRÜSTCHEN MIT EINER SAFTIGEN KÄSEFÜLLUNG. EINE GELUNGENE KOMBINATION.

Zutaten für 4 Portionen

Für die Tomaten

800 g kleine Fleischtomaten

Salz, Pfeffer aus der Mühle

6 EL Olivenöl

2 Knoblauchzehen

4 Zweige Thymian

1 kleines Stück Bio-Zitronen-
schale

Für die Hühnerbrüstchen

6 getrocknete Tomaten (in Öl)

1 EL Kapern, 6 Stängel Basilikum

100 g Taleggio

1 EL Semmelbrösel

Salz, Pfeffer aus der Mühle

4 dicke Hähnchenbrustfilets
(à ca. 180 g)

1 EL Butter, 1 EL Öl

100 ml trockener weißer Wermut
(z. B. Noilly Prat), Sherry oder
Hühnerbrühe

Zeitbedarf
• 1 Stunde

So geht's

1. Die Tomaten waschen und quer halbieren. Aus den oberen Hälften die Stielansätze herausschneiden. Die Tomaten mit Salz und
Pfeffer bestreuen.

2. Das Öl in einer großen Pfanne erhitzen. Die Tomaten mit der
Schnittfläche nach unten nebeneinander hineinsetzen [→ a] und
bei schwacher Hitze etwa 20 Minuten garen.

3. Inzwischen den Knoblauch schälen und sehr fein hacken. Den
Thymian waschen und trocken schütteln. Die Blättchen abstreifen.
Die Zitronenschale ebenfalls fein schneiden. Knoblauch, Thymian
und Zitronenschale mischen, leicht salzen und pfeffern.

4. Für die Hühnerbrüstchen die getrockneten Tomaten abtropfen
lassen und mit den Kapern sehr fein würfeln. Das Basilikum
waschen und trocken schütteln. Die Blättchen abzupfen und fein
hacken. Den Taleggio würfeln und mit Tomaten, Kapern, Basilikum und Semmelbröseln mischen, mit etwas Salz und reichlich
Pfeffer würzen.

5. Die Hähnchenbrustfilets waschen und trocken tupfen. In jedes
Filet seitlich eine Tasche einschneiden [→ b]. Die Füllung darin
verteilen und die Öffnung mit Zahnstochern verschließen [→ c].
Die Hähnchenbrustfilets außen salzen und pfeffern.

6. Die Tomaten vorsichtig wenden und mit der Würzmischung bestreuen. Weitere 20 Minuten garen. Die Butter mit dem Öl erhitzen.
Die Hühnerbrüstchen darin bei mittlerer Hitze pro Seite etwa
6 Minuten braten. Aus der Pfanne nehmen und zugedeckt warm
halten. Wermut, Sherry oder Brühe in die Pfanne gießen und den
Bratsatz damit loskochen. Mit Salz und Pfeffer abschmecken und
auf den Hühnerbrüstchen verteilen. Die Tomaten dazu servieren.

DAS IST *wirklich* WICHTIG

[a] TOMATEN GAREN Damit sie an der Unterseite eine leichte Bräunung und dadurch viel Aroma bekommen, setzen Sie die Tomaten mit der Schnittfläche nach unten nebeneinander in das heiße Öl in der Pfanne.

[b] HÜHNERBRÜSTE FÜLLEN Schneiden Sie in die Brüstchen an einer der Längsseiten mit einem Messer eine Tasche zum Füllen ein. Dabei nur so weit schneiden, dass an den anderen Seiten noch etwa 1 cm stehen bleibt.

[c] HÜHNERBRÜSTE VERSCHLIESSEN Die Füllung nicht zu fest in die Taschen stopfen, sie dehnt sich beim Garen etwas aus. Ziehen Sie das Hähnchenfleisch über der Füllung zusammen und stecken Sie die beiden Seiten mit Zahnstochern zusammen.

[a]

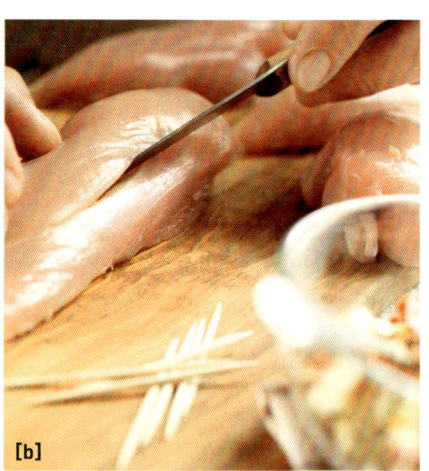

[b]

[c]

NICHT ZU VIEL FÜLLUNG VERWENDEN, SONST QUILLT SIE HERAUS.

SPITZKOHLRÖLLCHEN
auf Rosmarintomaten

EINE SOMMERLICHE ABWANDLUNG DER KOHLROULADEN – FRISCHER, LEICHTER UND BESONDERS SAFTIG AUF WÜRZIGEN TOMATEN GESCHMORT.

Zutaten für 4 Portionen

1 mittelgroßer Spitzkohl

Salz

600 g vorwiegend festkochende Kartoffeln

1 rote Zwiebel

2 Knoblauchzehen

4 EL Olivenöl

1 TL Fenchelsamen (nach Belieben)

250 g Ricotta

150 g frisch geriebener Pecorino

1 EL Kapern

Pfeffer aus der Mühle

4 Zweige Rosmarin

600 g Tomaten

150 ml Gemüsebrühe

besonderes Werkzeug
• Küchengarn

Zeitbedarf
• 45 Minuten +
  30 Minuten schmoren

So geht's

1. Vom Spitzkohl 12 möglichst intakte Blätter ablösen und falls nötig die dicken Blattrippen flacher schneiden [→ a]. Die Blätter in kochendem Salzwasser etwa 2 Minuten blanchieren, bis sie biegsam sind. Kalt abschrecken und abtropfen lassen.

2. Die Kartoffeln schälen, waschen und grob raspeln. Die Zwiebel schälen, vierteln und in feine Streifen schneiden. Den Knoblauch schälen und fein hacken. In einer Pfanne 2 EL Öl erhitzen. Die Kartoffeln darin mit der Zwiebel, dem Knoblauch und nach Belieben den Fenchelsamen bei mittlerer Hitze unter Rühren etwa 5 Minuten braten.

3. Die Kartoffelmischung in eine Schüssel umfüllen und etwas abkühlen lassen, dann mit dem Ricotta, dem Pecorino und den Kapern mischen und mit Salz und Pfeffer abschmecken.

4. Die Kartoffelmischung auf den Spitzkohlblättern verteilen, einrollen und verschließen [→ b]. Den Rosmarin waschen und trocken schütteln. Die Nadeln abzupfen und grob hacken. Die Tomaten häuten (siehe Seite 51) und achteln, die Stielansätze dabei herausschneiden.

5. Das übrige Öl in einem Schmortopf oder einer Schmorpfanne erhitzen, den Rosmarin darin andünsten. Die Tomaten hineingeben und die Brühe dazugießen. Die Spitzkohlröllchen auf die Tomaten setzen und zugedeckt bei schwacher Hitze etwa 30 Minuten schmoren. Die Röllchen mit den Tomaten servieren.

Dazu schmecken frisches Weißbrot und ein Blattsalat.

DAS IST *wirklich* WICHTIG

[a] KOHLBLÄTTER ABLÖSEN
Schneiden Sie den Strunk vom Spitzkohl ab. Lösen Sie dann nacheinander
12 Blätter ab. Sie sollten intakt sein,
kleine Risse an den Seiten machen
aber nichts. Dicke Blattrippen schneiden Sie mit einem Messer flach und
glatt ab.

[b] KOHLBLÄTTER FÜLLEN Legen
Sie die vorgegarten Kohlblätter glatt
auf die Arbeitsfläche. Verteilen Sie
die Füllung jetzt im unteren Drittel
jedes Blattes und lassen Sie rundherum ausreichend Platz. Die Blatt-
ränder nach innen klappen, die
Kohlblätter wie Rouladen aufrollen
und mit Küchengarn verschnüren.

[b]

GEFÜLLTE TOMATEN
auf Kartoffel-Gratin

SÜDFRANZÖSISCHE RATATOUILLE MAL NICHT ALS BEILAGE, SONDERN
ALS AROMATISCHE FÜLLUNG FÜR DIE TOMATEN.

Zutaten für 4 Portionen

1 kleine Aubergine

1 gelbe Paprikaschote

1 Zucchino

2 EL Olivenöl

4 Frühlingszwiebeln

2 Knoblauchzehen

8 mittelgroße Tomaten

125 g Mozzarella

2 EL frisch geriebener Parmesan

Salz, Pfeffer aus der Mühle

800 g vorwiegend festkochende
Kartoffeln

125 g Sahne

100 ml Gemüsebrühe

besonderes Werkzeug
• breite ofenfeste Form

Zeitbedarf
• 40 Minuten +
  45 Minuten backen

So geht's

1. Die Aubergine, die Paprikaschote und den Zucchino waschen, putzen und in kleine Würfel schneiden. Das Öl in einem Schmortopf erhitzen und die Gemüsewürfel darin andünsten. Zugedeckt bei schwacher Hitze etwa 5 Minuten schmoren.

2. Inzwischen die Frühlingszwiebeln waschen, putzen und mit dem zarten Grün in feine Ringe schneiden. Den Knoblauch schälen und fein hacken. Die Tomaten waschen und einen Deckel abschneiden. Die Tomaten aushöhlen (siehe Seite 59).

3. Etwa 1 EL vom ausgehöhlten Tomatenfleisch fein hacken und mit dem vorgegarten Gemüse, den Zwiebelringen und dem Knoblauch mischen. Mozzarella würfeln und mit dem Parmesan untermischen. Das Gemüse mit Salz und Pfeffer würzen.

4. Den Backofen auf 200 °C (Umluft 180 °C) vorheizen. Die Kartoffeln schälen, waschen und in feine Scheiben hobeln. Eine große ofenfeste Form dachziegelartig mit den Kartoffeln auslegen [→ a], salzen und pfeffern. Die Sahne und die Brühe mischen und seitlich angießen.

5. Die Gemüsemischung in die Tomaten füllen. Die Tomaten auf die Kartoffeln setzen und im heißen Ofen (Mitte) etwa 45 Minuten backen, bis die Kartoffeln weich sind

DAS IST *wirklich* WICHTIG

....

[a] KARTOFFELN EINSCHICHTEN
Schneiden Sie die Kartoffeln in gleichmäßig dünne Scheiben und legen Sie sie leicht überlappend wie Dachziegel in zwei bis drei Schichten in der Form aus. Die Kartoffeln zwischen den Schichten mit Salz und Pfeffer bestreuen.

[a]

TOMATEN-KÜRBIS-CURRY
mit Garnelen

DIE SÜSSE NOTE VOM KÜRBIS HARMONIERT BESONDERS GUT MIT DER SÄURE DER TOMATEN UND DER SCHÄRFE DER CURRYPASTE.

Zutaten für 4 Portionen

1 Stück Kürbis (etwa 500 g)

400 g Kirschtomaten

1 Bund Frühlingszwiebeln

2 Knoblauchzehen

1 Stück Ingwer (etwa 3 cm)

2 EL Öl

1–2 EL rote Currypaste (aus dem Asienladen)

1 Dose Kokosmilch (etwa 400 g)

2 EL Limetten- oder Zitronensaft

Salz

250 g gegarte geschälte Tiefseegarnelen

Thai-Basilikum zum Bestreuen

Zeitbedarf
• 35 Minuten

So geht's

1. Den Kürbis schälen und von den Kernen mit dem faserigen Fruchtfleisch befreien. Den Kürbis in etwa 1 cm große Würfel schneiden. Die Tomaten waschen und ganz lassen. Die Frühlingszwiebeln waschen, putzen und mit dem knackigen Grün in feine Ringe schneiden. Den Knoblauch und den Ingwer schälen und fein hacken.

2. Das Öl in einer Schmorpfanne oder im Wok heiß werden lassen. Den Kürbis darin unter Rühren bei starker Hitze etwa 3 Minuten braten. Die Frühlingszwiebeln, den Knoblauch und den Ingwer dazugeben und kurz mitgaren. Die Currypaste einrühren, dann die Kokosmilch gut unterrühren.

3. Die Tomaten untermischen, das Curry mit dem Limettensaft und Salz abschmecken und zugedeckt bei mittlerer Hitze 3–4 Minuten köcheln lassen, bis der Kürbis bissfest ist. Die Garnelen untermischen und nur kurz erwärmen. Das Curry abschmecken und mit Basilikumblättchen bestreut servieren.

Dazu schmeckt körnig gegarter Reis.

GUTER KÜRBIS Nehmen Sie für das Curry am besten Hokkaidokürbis, den es auch im Sommer gibt und den Sie sogar mit Schale garen können. Im Herbst eignet sich der aromatische Muskatkürbis besonders gut.

TOMATEN-GEMÜSE-GRATIN
mit Kräutern und Anis

EIN SOMMERLICHES BACKOFENGERICHT, DAS WARM ODER LAUWARM SCHMECKT.
MIT EINEM STEAK ODER GEBRATENEM FISCHFILET EIN FESTLICHES ESSEN.

Zutaten für 4 Portionen

- 1 Romanasalat (etwa 300 g)
- Salz
- 200 g junge Zucchini
- je 1 kleine gelbe und rote Paprikaschote
- 800 g Fleischtomaten
- 2 weiße oder rote Zwiebeln
- 6 – 8 Knoblauchzehen
- 2 Chilischoten
- je 1 Zweig Rosmarin und Salbei
- 1 Handvoll Borretschblätter oder Rucola
- 2 TL Anissamen
- 8 EL Olivenöl
- 2 EL Anissschnaps (z. B. Ouzo)
- 2 TL Honig

besonderes Werkzeug
- ofenfeste Form

Zeitbedarf
- 40 Minuten +
  1 Stunde backen

So geht's

1. Den Romanasalat in die einzelnen Blätter teilen, waschen, trocken schleudern und in Streifen schneiden. In kochendem Salzwasser in etwa 1 Minute zusammenfallen lassen. In ein Sieb abgießen, kalt abschrecken und abtropfen lassen.

2. Das Gemüse waschen. Von den Zucchini die Enden abschneiden, die Zucchini in dünne Scheiben schneiden. Die Paprikaschoten vierteln, von Stiel und Trennhäutchen mit Kernen befreien und in Streifen schneiden. Die Tomaten von den Stielansätzen befreien und quer in etwa 1 cm dicke Scheiben schneiden.

3. Den Backofen auf 180 °C (Umluft 160 °C) vorheizen. Die Zwiebeln schälen und in Ringe schneiden. Den Knoblauch schälen. Die Chilischoten waschen und den Stiel abschneiden. Knoblauch und Chili fein hacken. Die Kräuter waschen und trocken schütteln. Von den Stielen lösen und ebenfalls hacken. Die Anissamen im Mörser leicht andrücken und mit der Knoblauchmischung und den Kräutern verrühren.

4. Das Gemüse, den Salat und die Zwiebelringe lagenweise in eine ofenfeste Form schichten, Dabei jede Schicht mit etwas Würzmischung bestreuen und salzen. Das Öl mit dem Anissschnaps und dem Honig verrühren und darübergießen. Das Gemüse im Ofen (Mitte) etwa 1 Stunde garen.

DAS IST *wirklich* WICHTIG

[a] SORBET OHNE EISMASCHINE

Damit sich keine zu großen Kristalle bilden, ist es wichtig, dass Sie das Sorbet zwischendurch öfter sehr gründlich durchrühren. Am besten mit einer Gabel alle 30 Minuten.

TOMATEN-SORBET
mit Limette und Basilikum

EIN ERFRISCHENDES UND NUR LEICHT GESÜSSTES SORBET, DAS AM
ENDE EINES MENÜS ODER ZWISCHEN ZWEI GÄNGEN SCHMECKT.

Zutaten für 4 Portionen

100 g Zucker

800 g Tomaten

1 Bio-Limette

½ Bund Basilikum

1 Eiweiß

1 Prise Salz

nach Belieben 2 EL Gin

besonderes Werkzeug
• Mixer oder Pürierstab

Zeitbedarf
• 40 Minuten +
  20 Minuten bzw.
  4 Stunden gefrieren

So geht's

1. Den Zucker mit 100 ml Wasser 5 Minuten sprudelnd kochen lassen, dann abkühlen.

2. Inzwischen die Tomaten waschen und würfeln, die Stielansätze dabei herausschneiden. Die Tomaten im Mixer fein pürieren und durch ein Sieb streichen.

3. Die Limette heiß waschen und abtrocknen, die Schale fein abreiben. Eine Hälfte auspressen. Das Basilikum waschen und trocken schütteln. Die Blättchen abzupfen und grob hacken. Mit dem Tomatensaft nochmals pürieren.

4. Den Tomatensaft mit dem Zuckersirup, der Limettenschale, 1 EL Limettensaft und eventuell Gin mischen. Das Eiweiß mit dem Salz steif schlagen und untermischen. Die Masse in die Eismaschine oder in eine Schüssel füllen und gefrieren lassen. In der Eismaschine dauert das etwa 20 Minuten, in der Schüssel im Gefrierfach etwa 4 Stunden. Dabei immer wieder gut durchrühren, damit das Sorbet geschmeidig wird [→ a].

Die Variante

Pikantes Sorbet
Lassen Sie den Zuckersirup weg und würzen Sie das Tomatenpüree mit 1 sehr fein gehackten roten Chilischote, 1 EL Honig und der Schale und dem Saft von der Limette. Die Mischung mit Salz und gemahlenem Koriander nach Geschmack würzen und gefrieren lassen.

REZEPTREGISTER

A

Auberginencreme mit Tomaten, Kapern und Basilikum 98

B

Bandnudeln mit Safrantomaten und Ziegenkäse 112
Blätterteigstrudel mit Tomaten-Kaninchen-Füllung 110
Bohnensalat mit Tomatencreme und Käse 48
Brokkolisalat mit Tomaten-Orangen-Vinaigrette
     (Variante) 37
Brotsalat mit Tomaten (Variante) 45
Bunte Tomatenkonfitüre mit Lavendelblüten 25

C

Couscous-Salat mit Tomaten und Minze 46

F

Fisch, ganzer, auf Tomaten-Gratin 120
Fisch und Tomaten aus der Folie 76
Fisch-Tomaten-Topf mit Sellerie und Zucchini 57

G/H

Gefüllte Hühnerbrüstchen mit geschmorten Tomaten 128
Gefüllte Tomaten auf Kartoffelgratin 132
Gefüllte Tomaten mit Couscous und Hackfleisch 58
Gegrillte Tomaten mit Oliven-Vinaigrette 100
Geschälte Tomaten (Variante) 17
Gestürzte Tomaten-Tarte (Variante) 109
Getrocknete Tomaten in Basilikumöl 20
Hähnchenschnitzel mit Tomatenhaube 77

K

Kalbsgulasch mit Tomaten und Vanille 122
Kalte Tomatensauce mit Zucchini 62
Kalte Tomatensuppe mit Orange 104

Kaninchenkeulen auf Ingwertomaten 124
Karamellisierte Tomaten mit Zucchiniblüten 114
Kartoffelsalat mit Tomaten und Kräuteröl 49
Käsesauce mit Tomaten und Rucola 63
Kichererbseneintopf mit Tomaten und pikanter Chorizo 53

L

Lachsforellenfilets mit Tomaten-Aprikosen-Gemüse 116
Lammkoteletts mit gratinierten Tomaten 126
Lasagne, schnelle, mit Tomaten und Mozzarella 70

M

Marinierte Tomaten in Olivenöl 30
Matjes-Tomaten-Tatar mit Kürbis-Kartoffel-Puffern 118

O

Ofentomaten mit Fenchelaroma 115
Oktopus-Carpaccio mit Tomaten-Tatar 92

P

Panierte Fleischtomaten mit grünen Bohnen 72
Pikanter Tomatensalat mit Avocado und Garnelen 90

Q

Quark-Käse-Nocken mit Tomaten-Oliven-Ragout 54

S

Sangrita (Variante) 87
Scharfe Specksauce (Variante) 63
Scharfer Nudelsalat (Variante) 49
Schnitzel mit kurz gebratenen Tomaten 74
Seeteufelkoteletts mit roher Tomatensauce 121
Spitzkohlröllchen auf Rosmarintomaten 130
Süßsaure Tomaten-Chili-Sauce (Variante) 15

T

Tomaten-Brot-Gratin mit Frischkäse 69
Tomaten-Brot-Suppe mit Chilischote und Kräutern 52
Tomaten-Bruschetta mit Basilikum und Knoblauch 45
Tomaten-Carpaccio mit mariniertem Mozzarella 42
Tomaten-Chutney mit Stachelbeeren 18
Tomatendrink Bloody Mary 87
Tomaten-Eier-Salat mit Schnittlauch 38
Tomaten-Feigen-Konfitüre mit Zitrone (Variante) 25
Tomaten-Feta-Gratin (Variante) 69
Tomaten-Flan mit Basilikumsauce 95
Tomatengelee mit Chili und Senfsamen 22
Tomaten-Gemüse-Gratin mit Kräutern und Anis 135
Tomaten-Gemüse-Topf mit Brätnockerl 57
Tomaten-Gurken-Salat mit Feta (Variante) 38
Tomatenketchup mit Thymian 12
Tomaten-Kürbis-Curry mit Garnelen 134

Tomaten-Mango-Ketchup mit Ingwer und Zitronengras 14
Tomaten-Mousse mit Basilikum (Variante) 95
Tomaten-Nudel-Auflauf mit knuspriger Bröselkruste 80
Tomaten-Paprika-Essenz mit Lachsstreifen 102
Tomaten-Paprika-Sülze mit Aprikosen-Salsa 96
Tomaten-Pesto mit Pinienkernen 28
Tomaten-Pfirsich-Salat mit Lavendel und Ziegenkäse 88
Tomaten-Pilz-Gemüse aus dem Wok 78
Tomaten-Pizza mit Paprika und Zwiebeln 82
Tomaten-Risotto mit Pinienkernen 66
Tomaten-Romana-Salat mit Oliven-Dressing 39
Tomatensahne mit Thymian (Variante) 61
Tomatensalat mit Kapern und Sardellen (Variante) 39
Tomaten-Salsa mit Koriander, Chili und Limette 15
Tomatensauce mit kurzen Nudeln 61
Tomaten-Sorbet mit Limette und Basilikum 137
Tomatensugo mit Knoblauch und Thymian 17
Tomatensuppe mit Mittelmeerkräutern 50
Tomaten-Tarte mit Artischockenherzen und Ricotta 109
Tomaten-Vinaigrette zu Blattsalaten und Sellerie 37
Tomaten-Zwiebel-Relish mit Orangenaroma 29
Tomaten-Zwiebel-Salat mit Honig-Balsamico-Dressing 34

Z

Zucchinisuppe mit Ofentomaten 105

THEMENREGISTER

Eingelegtes und Getränke
Bunte Tomatenkonfitüre mit Lavendelblüten 25
Geschälte Tomaten (Variante) 17
Getrocknete Tomaten in Basilikumöl 20
Marinierte Tomaten in Olivenöl 30
Sangrita (Variante) 87
Tomaten-Feigen-Konfitüre mit Zitrone (Variante) 25
Tomaten-Zwiebel-Relish mit Orangenaroma 29
Tomatendrink Bloody Mary 87
Tomatengelee mit Chili und Senfsamen 22

Vorspeisen/Kleine Gerichte/Beilagen
Auberginencreme mit Tomaten, Kapern und Basilikum 98
Gegrillte Tomaten mit Oliven-Vinaigrette 100
Karamellisierte Tomaten mit Zucchiniblüten 114
Ofentomaten mit Fenchelaroma 115
Oktopus-Carpaccio mit Tomaten-Tatar 92
Tomaten-Bruschetta mit Basilikum und Knoblauch 45
Tomaten-Gemüse-Gratin mit Kräutern und Anis 135
Tomaten-Paprika-Sülze mit Aprikosen-Salsa 96
Tomatenflan mit Basilikumsauce 95
Tomatenmousse mit Basilikum (Variante) 95
Tomatensorbet 137

Saucen und Co.
Blitz-Tomaten-Sauce mit kurzen Nudeln 61
Kalte Sauce mit Zucchini 62
Käsesauce mit Tomaten und Rucola 63
Scharfe Specksauce (Variante) 63
Süßsaure Tomaten-Chili-Sauce (Variante) 15
Tomaten-Chutney mit Stachelbeeren 18
Tomaten-Mango-Ketchup mit Ingwer und Zitronengras 14
Tomaten-Pesto mit Pinienkernen 28
Tomaten-Salsa mit Koriander, Chili und Limette 15
Tomaten-Vinaigrette zu Blattsalaten und Sellerie 37
Tomatenketchup mit Thymian 12
Tomatensahne mit Thymian (Variante) 61
Tomatensugo mit Knoblauch und Thymian 17

Salate
Bohnensalat mit Tomatencreme und Käse 48
Brokkolisalat mit Tomaten-Orangen-Vinaigrette
    (Variante) 37
Brotsalat mit Tomaten (Variante) 45
Couscous-Salat mit Tomaten und Minze 46
Kartoffelsalat mit Tomaten und Kräuteröl 49
Pikanter Tomatensalat mit Avocado und Garnelen 90
Scharfer Nudelsalat (Variante) 49
Tomaten-Carpaccio mit mariniertem Mozzarella 42
Tomaten-Eier-Salat mit Schnittlauch 38
Tomaten-Gurken-Salat mit Feta (Variante) 38
Tomaten-Pfirsich-Salat mit Lavendel und Ziegenkäse 88
Tomaten-Romana-Salat mit Oliven-Dressing 39
Tomatensalat mit Kapern und Sardellen (Variante) 39
Tomatensalat mit Zwiebeln und Honig-Balsamico-
    Dressing 34

Suppen und Eintöpfe
Kalte Tomatensuppe mit Orange 104
Kichererbseneintopf mit Tomaten und pikanter
    Chorizo 53
Tomaten-Brot-Suppe mit Chilischote und Kräutern 52
Tomaten-Paprika-Essenz mit Lachsstreifen 102
Tomatensuppe mit Mittelmeerkräutern 50
Zucchinisuppe mit Ofentomaten 105

Nudeln
Bandnudeln mit Safrantomaten und Ziegenkäse 112
Schnelle Lasagne mit Tomaten und Mozzarella 70
Tomaten-Nudel-Auflauf mit knuspriger Bröselkruste 80

Hauptgerichte mit Fisch und Meeresfrüchten
Fisch und Tomaten aus der Folie 76
Fisch-Tomaten-Topf mit Sellerie und Zucchini 57
Ganzer Fisch auf Tomaten-Gratin 120
Lachsforellenfilets mit Tomaten-Aprikosen-
    Gemüse 116
Matjes-Tomaten-Tatar mit Kürbis-Kartoffel-
    Puffern 118
Pikanter Tomatensalat mit Avocado und Garnelen 90
Oktopus-Carpaccio mit Tomaten-Tatar 92
Seeteufelkoteletts mit roher Tomatensauce 121
Tomaten-Kürbis-Curry mit Garnelen 134
Tomaten-Paprika-Essenz mit Lachsstreifen 102

Hauptgerichte mit Fleisch, Geflügel und Wild

Blätterteigstrudel mit Tomaten-Kaninchen-Füllung 110

Gefüllte Hühnerbrüstchen mit geschmorten Tomaten 128

Gefüllte Tomaten mit Couscous und Hackfleisch 58

Hähnchenschnitzel mit Tomatenhaube 77

Kalbsgulasch mit Tomaten und Vanille 122

Kaninchenkeulen auf Ingwertomaten 124

Lammkoteletts mit gratinierten Tomaten 126

Minischnitzel mit kurz gebratenen Tomaten 74

Tomaten-Gemüse-Topf mit Brätnockerl 57

Tomaten-Pilz-Gemüse mit Hähnchenbrustfilet 78

Vegetarische Hauptgerichte

Bandnudeln mit Safrantomaten und Ziegenkäse 112

Blitz-Tomaten-Sauce mit kurzen Nudeln 61

Gegrillte Tomaten mit Oliven-Vinaigrette 100

Geschälte Tomaten (Variante) 17

Gestürzte Tomaten-Tarte (Variante) 109

Getrocknete Tomaten in Basilikumöl 20

Kalte Tomatensauce mit Zucchini 62

Kalte Tomatensuppe mit Orange 104

Karamellisierte Tomaten mit Zucchiniblüten 114

Kartoffelsalat mit Tomaten und Kräuteröl 49

Käsesauce mit Tomaten und Rucola 63

Ofentomaten mit Fenchelaroma 115

Panierte Fleischtomaten mit grünen Bohnen 72

Quark-Käse-Nocken mit Tomaten-Oliven-Ragout 54

Schnelle Lasagne mit Tomaten und Mozzarella 70

Spitzkohlröllchen auf Rosmarintomaten 130

Gefüllte Tomaten auf Kartoffel-Gratin 132

Tomaten-Brot-Gratin mit Frischkäse 69

Tomaten-Feta-Gratin (Variante) 69

Tomaten-Gemüse-Gratin mit Kräutern und Anis 135

Tomaten-Pizza mit Paprika und Zwiebeln 82

Tomaten-Risotto mit Pinienkernen 66

Tomatensahne mit Thymian (Variante) 61

Tomatensugo mit Knoblauch und Thymian 17

Tomaten-Tarte mit Artischockenherzen und Ricotta 109

Warenkunde und Küchentechnik

Aushöhlen 59

Cocktailtomate 11

Costoluto-Tomate 107

Datteltomate 107

Eiertomate 11

Einfrieren 27

Entkernen 36

Flaschentomate 11

Fleischtomate 11

Gelbe Tomate 107

Geschälte Tomaten 26

Getrocknete Tomaten 27

Grüne Tomate 107

Häuten 50

Kaufen 11

Ketchup 27

Kirschtomate 11

Kugeltomate 10

Lagern 11

Ochsenherz 107

Passierte Tomaten 26

Reisetomate 107

Schwarze Tomate 107

Sterilisieren 16

Tomaten selber ziehen 41

Tomatenmark 27

Tomatenpflanzen pflegen 65

Tomatensorten 10, 107

Tomatillo 107

Wildtomate 107

Zebra-Tomate 107

KOSMOS.

Frisch auf den Tisch.

Cornelia Schinharl
Biokisten Kochbuch
144 S., ca. 160 Abb., €/D 14,95
ISBN 978-3-440-12248-8

Für jede Jahreszeit

Die Biokiste – Woche für Woche wartet sie frisch vom Produzenten auf manchmal etwas ratlose Küchenakteure. Und auch auf dem Wochenmarkt stößt man immer wieder auf unbekannte, fast vergessene Gemüsesorten. Für jede Jahreszeit stellt die Autorin typische regionale und saisonale Gemüsesorten vor und zeigt abwechslungsreiche Rezepte, die zum Ausprobieren einladen.

Regionale und saisonale Rezepte für Sammler und Genießer:

Vielfalt pur.
Kochen und Genießen.

Rose Marie Donhauser
Draußen genießen

160 S., ca. 120 Abb., €/D 19,95
ISBN 978-3-440-12588-5

Sommerfeste, Grillen & Picknick

So schmeckt der Sommer! Ob gemütlicher Brunch auf dem Balkon, Picknick im Grünen, Grillparty oder Sommerfest mit Freunden im Garten – es finden sich viele Anlässe, unter freiem Himmel zu schlemmen. Und für alle Gelegenheiten gibt es die geeigneten kulinarischen Begleiter: unkomplizierte Rezepte, die gut vorzubereiten sind, mit allem, was diese Jahreszeit zu bieten hat – am besten gartenfrisch geerntet oder vom Wochenmarkt.

www.kosmos.de/essen_und_trinken

AKTEURE

Cornelia Schinharl gehört mit über 50 veröffentlichten Büchern zu den erfolgreichsten Kochbuchautorinnen im deutschsprachigen Raum. Sie hat für ihre Bücher schon viele Auszeichnungen erhalten, darunter sieben Silbermedaillen der Gastronomischen Akademie und einen World Cookbook Award. Die leidenschaftliche Köchin mag die bodenständige Küche ebenso wie Exotisches aus aller Herren Länder und experimentiert gerne mit unbekannten Zutaten. Ihre besondere Liebe gilt der mediterranen Küche. Mit viel Kompetenz und Kreativität entwickelt sie abwechslungsreiche Rezepte, die sicher gelingen.

Alexander Walter ist seit 20 Jahren selbständiger Fotograf. Im Auftrag renommierter Verlage und internationaler Agenturen arbeitet er vor allem in den Bereichen People, Still life und Reportage. Der leidenschaftliche Gourmet und Hobbykoch war bei über 40 Fach- und Kochbüchern für die optische Umsetzung der Konzepte verantwortlich. Mit seiner Frau und drei Kindern lebt und arbeitet er mitten im Grünen, im schönsten bayerischen Oberland.

Michael Pannewitz setzt seit 10 Jahren als Foodstylist Gerichte verführerisch in Szene. Zuvor hat er nicht nur eine Ausbildung als Fotograf absolviert, sondern auch 16 Jahre lang in prämierten Restaurants als Koch seine Gäste verwöhnt. Unterstützt wird Michael Pannewitz von **Simon Phillip Kresse**. Nach 15 Jahren als Koch in Hotels und Restaurants in ganz Europa spezialisiert er sich nun auf das Thema Foodstyling.

Natascha Sanwald ist für Ausstattung und Requisite verantwortlich. Seit vielen Jahren arbeitet sie als Stylistin für Wohn- und Einrichtungsmagazine.

Der Verlag dankt folgenden Unternehmen für die Unterstützung dieses Buchprojekts:

· Neff, www.neff.de
· Kustermann, München, www.kustermann.de
· 1260GRAD, München, www.1260grad.de
· Kochgut, München, www.kochgut-muenchen.de
· Landpartie, Kristina Stöckel by Landpartie, München
· Radspieler, München, www.radspieler.de

IMPRESSUM

Mit 126 Farbfotos von Alexander Walter

Umschlaggestaltung von Gramisci Editorialdesign, München, unter Verwendung eines Fotos von Alexander Walter

Rezepte, Geling-Tipps, Infos zum KOSMOS-Kochbuch-Programm und vieles mehr unter **www.kosmos.de/gut-gekocht**

Unser gesamtes lieferbares Programm und viele weitere Informationen zu unseren Büchern, Spielen, Experimentierkästen, DVDs, Autoren und Aktivitäten finden Sie unter **www.kosmos.de**

Gedruckt auf chlorfrei gebleichtem Papier

ISBN 978-3-440-12593-9

Redaktion und Projektleitung: Claudia Salata
Lektorat: Katharina Lisson, München
Gestaltungskonzept und Layout: Gramisci Editorialdesign, München
Satz: Atelier Krohmer, Dettingen/Erms
Produktion: Eva Schmidt
Printed in Germany / Imprimé en Allemagne

FSC® MIX
Papier aus verantwortungsvollen Quellen
FSC® C004592
www.fsc.org